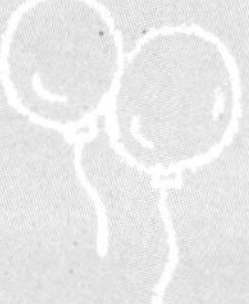

为孩子必做的事系列

谨献给6983位为本系列图书提供素材的妈妈
以及所有新妈妈们
希望她们和她们的孩子幸福快乐

感谢403位专家的共同参与和咨询解答
感谢顾问委员会11位专家的精心审订

ABC

为孩子必做的事系列③

为3岁孩子必做的 58件事

韩国《柠檬树》编辑部 编著

杨俊娟 荀晓宁 周 欣
刘 倩 张树程 李子建 译

科学普及出版社
·北 京·

图书在版编目（CIP）数据

为3岁孩子必做的58件事 / 韩国《柠檬树》编辑部编著；杨俊娟等译. —北京：科学普及出版社，2012.4
（为孩子必做的事）
ISBN 978-7-110-07321-6

Ⅰ. ① 为… Ⅱ. ① 韩… ②杨… Ⅲ. ① 儿童教育：家庭教育 Ⅳ. ①G78

中国版本图书馆CIP 数据核字（2012）第004523号

出 版 人： 苏 青
策划编辑： 任 洪
责任编辑： 何红哲 侯满茹
封面设计： 彩奇风
正文设计： 青青虫工作室
责任校对： 赵丽英
责任印制： 张建农

出版发行： 科学普及出版社
（地址：北京市海淀区中关村南大街16号 电话：010–62173865 邮编：100081）
印　　刷： 北京长宁印刷有限公司印刷
印　　次： 2012年4月第1版 2012年4月第1次印刷
开　　本： 787毫米 × 1092毫米 1/16
印　　张： 11.25
字　　数： 236千字
书　　号： ISBN 978-7-110-07321-6/G · 3271
定　　价： 32.00元

策划理念

年轻的妈妈到底需要一本怎样的育儿书

“事事亲力亲为会觉得很吃力，什么都不做又怕孩子落后。” 很多妈妈都有这样的苦恼，孩子稍稍有点进步就想能进步得更快些，尽早尽多地教孩子一些东西。可有的妈妈发现，虽然努力开展了各种早期教育，但到了真正需要学习这些东西的时候，孩子反而落在了后面。早知道是这样的结果，当初的努力简直就是搬起石头砸自己的脚。那么，早期教育是早开始好还是晚开始好，其标准究竟是什么呢?

“为什么许多育儿书都只讲理论而不实用呢？” 作为妈妈，很多事情都要独立作出决定。这时候，不少妈妈就会胆怯，没有自信，于是就求助于各种育儿书籍。可是，那些育儿书为什么都千篇一律地把内容集中在理论上呢? 那些理论虽然非常棒，可当真正面对孩子的时候，为什么觉得那些理论那么遥远呢? 最后只好去网上寻找答案了，但搜索到的结果却让人哭笑不得。难道就没有一本书能把理论与实际真正结合起来吗?

“现在就给那些彷徨的妈妈一些中肯的建议。” 很多妈妈都在为过去虚度的时间后悔，可又不知道现在该怎么办，既迷惑又焦急。年轻的妈妈都已经意识到，与自己成长的年代不同，妈妈的努力以及妈妈所作出的决定会对孩子的未来产生深远的影响。那么，这样一本可以化解迷惑与焦急的“妈妈指南”哪里有呢?

成书过程

6983位妈妈与403位专家共同给出了最实用的育儿答案

妈妈们亲自提交的“育儿问题”　现在的妈妈们究竟需要一本什么样的育儿书？对于这个问题，编辑团队在经过10次网络会议和街头访问后，终于得出了答案。虽然收集到的答案多种多样，不过，最终所有的意见都统一为：妈妈们需要的是一本“能够消除实际困惑的解答书”。那么，怎样才能得到一本好的“解答书”呢？首先，妈妈们在不断交流中汇总出一张“问题列表”，然后编辑团队按照孩子的不同年龄段各提取了200个育儿问题，以此作为本套书的基础。

专家顾问委员会11位委员挑选出“重点问题”　对按照年龄段筛选出的200个育儿问题，编辑团队把它们交给专家顾问委员会，并对顾问委员会提出要求：按照不同年龄段的发育标准，从各年龄段的200个问题中分别挑选出100个重点问题。

根据6476位妈妈投票再筛选出“核心问题”　顾问委员们挑选出的问题，再次被提交到育儿网站上。编辑团队的想法是，希望妈妈网友把各年龄段的育儿问题分别精简到最核心的50个问题。最后的结果有6476位妈妈参与了投票。于是，“最实用的育儿问题”出炉了。

不同领域的403位专家耐心解答　针对每个年龄段精心挑选出来的50个问题，构成了本套书不同分册的核心内容。在这份详尽、具体的问题列表出炉以后，事情变得明晰起来。在对以专家顾问委员会为核心的403位专家的咨询中，在对同类书籍的参考中，编辑团队耐心地寻找着最准确、最全面的答案。

507位有经验的妈妈提供了她们的“生活智慧”　专家的意见固然重要，而那些有丰富实践经验妈妈们的看法，也同样受到编辑团队的关注。通过采访这些妈妈，获得了很多不同于书面理论的回答，这些回答更贴近生活。

如何使用本书

“为孩子必做的事系列”是一套按照年龄段编写的实用育儿书。我们抛弃了厚度和泡沫，把更多的时间花在寻找现实生活中真正需要的答案上。

不同年龄段的育儿重点

1岁（0～12个月） 不同月龄的喂养方法；新手妈妈的育儿妙招。

2岁 培养好习惯；2岁孩子的“话痨”妈妈。

3岁 培养有想象力的孩子；在与孩子的主权争夺中获得胜利。

4岁 提高智商；让孩子在游戏中学习各种技能。

5岁 性格教育；培养社交能力，为未来的领导者打下基础。

6岁 奠定学习能力的基础；准备入学，增强体质，培养耐性。

这是年轻妈妈身边的助手 本套书不同于育儿专家的论文或教育家的著作，虽然我们也得到了许多育儿专家的帮助，但并没有照搬照抄专业理论。我们尽可能做到把理论与实际相结合，给出尽可能接近实际生活的正确答案。

当你需要专家时，请打开本书 在某个阶段，孩子应该发育到怎样的水平？这应该是每个妈妈都想知道的问题。本套书按照不同的年龄段，提供了孩子发育指标列表。如果发现孩子存在异常，可以尽快寻求专业人士的帮助。通常来说，异常被发现得越早越好，治疗得越及时越好。

专家顾问委员会

感谢403位专家参与了问题的解答，尤其要特别感谢11位各个领域的著名专家担任本套丛书的顾问委员会委员，他们为这套书付出了宝贵的时间和精力。

高西焕　曾担任韩国顺天乡大学和韩国成均馆大学的客座教授，是儿童肥胖症领域的权威专家，在家庭制作幼儿辅食方面也颇有建树。目前独立经营一家儿科诊所。

金英勋　毕业于韩国议政府天主教大学医学院，获得博士学位。曾在美国贝勒大学进修儿科和小儿神经科，是韩国最优秀的小儿科专家。目前担任韩国议政府天主教大学医学院附属圣母医院的副院长。

金仁京　毕业于韩国梨花女子大学政治外交系，在美国特洛伊大学获得硕士学位。目前主要从事儿童英语教育工作，同时担任韩国首尔小学英语研讨班的培训讲师以及韩国蔚山大学的英语培训讲师。

文美熙　妊娠心理专家，曾在韩国首尔大学小儿精神系进修，目前担任韩国人类发展研究所所长。作为三个孩子的母亲，文美熙在儿童心理与家庭教养方面有独到的见解。

徐贤珠　著名SUKSUK网站的创办人。网站主要服务对象是对儿童英语教育感兴趣的父母，目前已拥有大约30万名会员。徐贤珠的不少著作都是受到广泛欢迎的畅销书。

孙硕汉　毕业于韩国延世大学医学系，获得博士学位。曾就职于韩国多家医院小儿精神科。目前于韩国延世神经科附属小儿青少年神经科医院就职，致力于儿童和青少年的精神健康研究。

孙洪民　曾在韩国淑明女子大学、韩国首尔女子大学、韩国广播通信大学教授幼儿美术。创办了韩国儿童美术教育研究所。在进行儿童美术指导的同时，还承担着电视台教育频道的儿童美术节目录制工作。

申东吉　儿科专家。毕业于韩国庆熙大学中医系，获得博士学位。目前担任韩国最好的儿科中医院——韩国朿草涵小儿中医院院长，从事儿童消化与发育方面的研究。

李仁实　资深育儿专家，曾担任韩国女性职场幼儿园以及韩国三星幼儿园的院长，并兼任网络学校韩国三六大学的幼儿教育系教授。他还凭借在实践中积累的宝贵经验，创办了专门服务于婴幼儿的教育机构。

玄顺英　毕业于韩国梨花女子大学特殊教育系和韩国东大学院特殊教育系。在韩国圣母医院语言治疗室、韩国红十字会语言治疗室从事儿童教育研究。同时，还担任电视台教育频道和文化频道幼儿节目的顾问。目前担任李路达儿童发展研究所所长。

黄京淑　图书研究专家、插图画家。曾为《大英百科全书·韩国部分》和《大英百科全书·儿童图书馆》执笔，还曾在《柠檬树》和《东亚日报》连载作品。长期在育儿专业网站《小书房》栏目中连载书评。

策划理念

年轻的妈妈到底需要一本怎样的育儿书

成书过程

6983位妈妈与403位专家共同给出了最实用的育儿答案

如何使用本书

专家顾问委员会

必知 读懂你的孩子

25～36个月，妈妈必须知道的事情 2

培养孩子认知能力的方法总结

Part 01 必须帮助孩子提高认知能力

01 妈妈是孩子的“语言治疗师” 8

02 3岁孩子的固执与坚持 10

03 语言发育的关键时期 11

04 培养一个能说会道的孩子 13

05 通过游戏培养孩子的语感 16

06 结巴和发音不准确 19

07 该怎样对待说话晚的孩子 21

08 通过玩具促进孩子的发育 23

让孩子更加讨人喜欢

Part 02 必须培养孩子的社交能力

09 孩子是父母的镜子 28

10 孩子的营养状况会影响情感发育 30

11 纠正孩子的坏行为 33

12 孩子哭闹着要求“买这买那” 36

13 内向的孩子就没有领导才能吗 38

14 必须纠正不良的语言习惯 40

15 最有效的育儿秘诀 42

16 培养具有一定社会性的孩子 44

17 不喜欢去亲子班 46

让孩子健康茁壮地成长

Part 03 必须重视孩子的健康

18 健康的身体，健康的心灵 50

19 25～36个月孩子的身体特征 52

20 吃得好，才能长得健壮 55
21 在家里进行的民间疗法 57
22 该给孩子吃补药吗 60
23 护理牙齿，从现在开始 62
24 3岁是最容易留下伤疤的年纪 64
25 妈妈应该掌握的简单急救方法 68
26 当怀疑发生骨折及误食异物时 71
27 孩子感冒了 72
28 每天30分钟的身体运动 74
29 防止孩子发生过敏 77

让孩子聪明又讲理
对孩子逐步展开的教育

30 发现孩子的天赋 82
31 不同的孩子需要不同的学习方法 84
32 早早让孩子识字是好还是坏 86
33 挑战，从学习母语开始 89
34 3岁孩子应该阅读的20本书 92
35 帮助孩子掌握数学概念 94
36 适合3岁孩子的数学启蒙书 97
37 3岁孩子的英语教育，就是多听多看 100
38 适合孩子阅读的英文图书 103
39 让孩子在生活中养成倾听的习惯 105
40 看懂3岁孩子的图画 108
41 给孩子准备一块涂鸦画板 110
42 可以读懂孩子内心的美术心理学 112
43 享受旅行，接受大自然的洗礼 115
44 增强孩子想象力和好奇心的博物馆之旅 118
45 怎样选择早教机构 121
46 妈妈与孩子一起玩的头脑游戏 123
47 育儿过程中的种种疑惑 126

三岁看老，健康成长的基础工程
孩子必须养成的生活习惯

48 纠正孩子错误的生活习惯 132
49 一生的习惯从现在养成 134
50 依然不能控制大小便 137
51 纠正不良的睡眠习惯 139

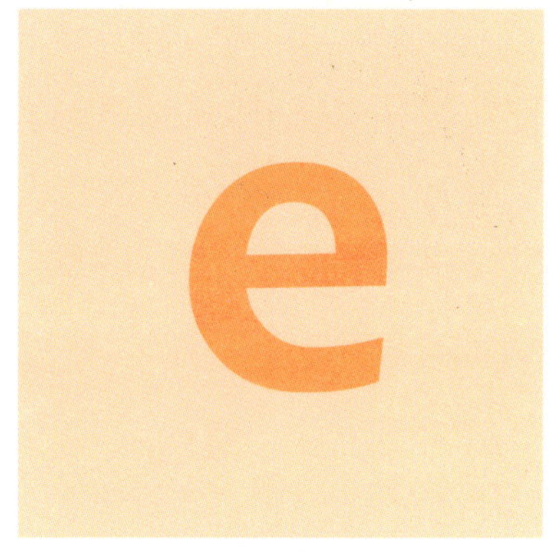

52 帮孩子改掉吃手指的坏习惯 141
53 孩子在“自慰” 144
54 培养一个有礼貌的孩子 147

Part 06 让孩子在充满爱的环境里成长

现在就要发挥父母职责

55 做称职的父母 152
56 我是一个好妈妈（好爸爸）吗 154
57 给“问题父母”的育儿建议 157
58 称赞与批评都要讲究艺术 160

Tips 实用小贴士

请及时带孩子接受检查 11
充分利用电视机 16
孩子偶尔结巴怎么办 20
孩子说话晚，问题到底出在哪里 21
“妈妈是最好的玩具” 24
3岁孩子的情感发育 31
有领导才能的孩子 39
当孩子哭闹不止时 42
培养社会性发育的游戏 44
得到小朋友的帮助 46
不同月龄孩子的成长发育状况 53
必须纠正偏食的习惯 56
口腔溃疡的民间疗法 58
积食的时候，不要吃补药 60
调整牙膏的用量 62
提前加以预防 65
外出时容易发生的事故 66
当孩子出现热性惊厥时 68
不同的症状要去不同的科室就诊 69
什么是生长骺板 71
预防感冒的生活小窍门 72
运动身体的注意事项 75
过敏最需要妈妈的细心护理 78
不必过早送孩子去早教机构 85
我的孩子做好识字的准备了吗 87

可以帮助孩子认字的玩具 90
有数学天分的孩子 94
测测孩子的数学才能 98
想让孩子学英语，可自己不会，怎么办 102
有音乐天分的孩子 106
请尊重孩子的想象力 108
有绘画天分的孩子 109
怎样读懂孩子的画 114
怎样提高在大自然中的学习效果 116
观察自然，父母首先要为孩子做出示范 117
适合带孩子参观的博物馆 119
选择早教机构时的注意事项 121
和孩子一起玩的注意事项 124
我的孩子是不是多动症 127
妈妈努力帮助孩子养成正确的生活习惯 135
深度睡眠的必要条件 140
吃手带来的后遗症 143
自慰行为不会影响健康 146
以其他孩子为榜样 148
爸爸的育儿态度 158
请这样做 162

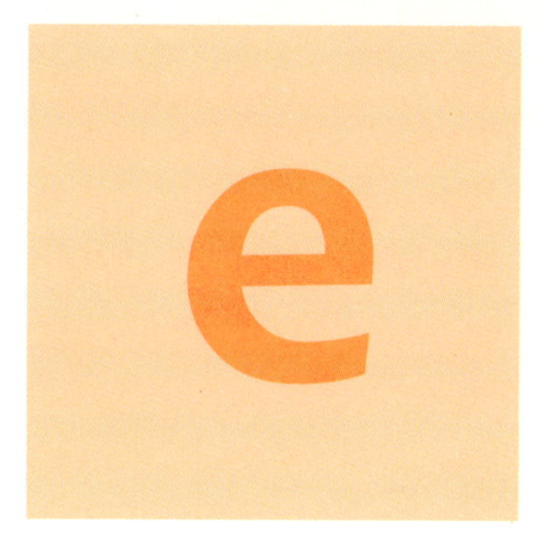

Story 每个伟大人物的背后都有伟大的父母

在妈妈的信任中长大的三姐妹音乐组合——安氏三重奏组 26
因为病痛放弃学业，却在绘画中发现希望——莫迪里阿尼 48
从小和妈妈一起动手制作的飞机发明者——莱特兄弟 80
3岁还不说话，7岁还什么都不会做的天才物理学家——爱因斯坦 130
小时候总尿床的著名心理学家——弗洛伊德 150

读懂你的孩子

Understand a child

25～36个月

本书最重要的部分，应该是认知发育、性格培养和社会性发展。这个时期的孩子，正处于语言发育的关键期，对所有新鲜事物都充满了好奇心和挑战精神。同时，这个时期也是社会性发展的一个重要阶段。这个时期的孩子，依旧很固执，但开始想要结交朋友。另外，这个时期还是调整孩子性格的最佳时期。当孩子独立向世界迈出第一步的时候，作为父母，应该怀着一种积极、健康的心态协助和引导孩子。

25~36个月，妈妈必须知道的事情

3岁的孩子，自尊心和独立性逐渐增强，无论什么事情，都会说“我要做”。其实，孩子内心依然存在对妈妈的依赖和对分离的不安等情绪。这个阶段属于语言发育的关键期，所以，要在这个时期尽量帮助孩子扩大词汇量。下面就是这个时期孩子的一些基本指标。

生长发育

25~26个月

□走路时不摇晃，可以跳。

□可以一个人坐到椅子上，一个人上车。

□可以和其他孩子一起扔球、接球。

27~28个月

□能够双腿用力跳起来。

□可以一个人抹肥皂、洗手。

□可以轻松地完成一些小动作，例如堆积木，穿鞋等。

29~31个月

□可以单腿站立，并持续几秒钟。

□喜欢在公园里滑滑梯，荡秋千。

□喜欢追着别人跑。

32~34个月

□可以独立穿、脱一些简单的衣物。

□可以将球扔向指定的方向。

□总在不停地动。

35~36个月

□可以演奏简单的乐器。

□可以完成简单的拼图。

□可以轻松地跑和跳。

健康

□接种乙型脑炎疫苗。

□接种流行性感冒疫苗。

□接种甲型肝炎疫苗。

□接种水痘疫苗。

□身高和体重正常增长（详见表0.1和表0.2）。

□接受过敏反应检查。

□20颗乳牙全部长出。

认知、语言发育

□可以说出由两个词构成的句子。

□尝试说三个词构成的句子。

□知道自己的性别。

□可以准确说出自己的名字。

□知道“大小”的概念。

□看着图片问他（她）的时候，可以正确说出两个以上名称。

□了解物品的用途，并能回答相关问题。

□没有自闭症状（眼神分散、声音刺耳、极度恋物等）。

□说话的时候不结巴。

□强调自己的主张，说出自己的要求。

□经常说“不要”来表达自己的意志。

□可以数到“3”。

□词汇量迅速增加。

听力检查

□可以按照要求，指出熟悉的人或物。

□喊他（她）一声，就会作出反应。

□会模仿别人说话。

□使用与同龄孩子类似的语言。

□平时看电视的时候，音量开得尽量小。

□很容易听懂妈妈的话。

□出现较大声音的时候，视线会很自然地转向那边。

生活习惯

□每天有规律地吃三顿饭。

□不再使用奶瓶。

□不再吃母乳或奶粉。

□会自己洗手。

□在妈妈的帮助下，可以自己漱口。

□可以区分出能吃和不能吃的东西。

□用杯子喝果汁或牛奶的时候，不会洒出来。

□可以控制大小便。

□尝试自己穿、脱衣服。

□漱口的时候，不会把水吞下去。

□形成只属于自己和妈妈的“就寝仪式”。

□吃饭时间可以坐在餐桌前好好吃。

□睡眠很好，不会突然惊醒。

教育

□对“为什么，怎么样”这类话题感兴趣。

□喜欢角色扮演游戏，经常玩过家家或者扮医生。

□喜欢玩积木，在摆好积木以后推倒再摆。

□具有时间观念，可以理解“等一会儿”“现在”等时间类词汇的概念。

□可以任意画图，并根据图片贴上名字。

□可以区分图片与文字。

□可以专心做一件事达到5分钟。

□可以接受家庭教师教一门课程。

□每天可以听妈妈读3本以上的图书。

□可以自己翻看喜欢的书。

□开始学习文字卡。

□可以记住简单的歌，并唱出来。

性格、社会性发育

□当想要抢其他孩子的玩具时，如果妈妈制止，会听从妈妈的话。

□不会毫无来由地哼唧或哭闹。

□开始和小朋友一起玩，并关心朋友。

□可以叫出一起玩的小朋友的名字。

□可以用语言表达自己的情感。

□当手里的玩具被拿走时会不高兴，不过，会听从另外一种安排。

□喜欢唱歌跳舞。

□可以理解其他人的感情，可以倾听其他

人的意见。

□不会为了得到某件想要的东西耍赖。

□有时会做出具有攻击性和反抗性的行为，不过，因为已经可以了解其他人的感情，所以还是会听从劝导。

□开始喜欢一些特定的朋友。

□可以离开妈妈几个小时。

□不会打别人。

□对于过去、现在、未来有了一定的认识。

发育异常

交流能力

□好像在听，但却不知道别人说的是什么意思。

□和妈妈说话的时候，躲避妈妈的眼神。

□不主动开口说话。

□即使妈妈大声喊他（她），也没有反应，但听到一些小声音，却会敏感地哭泣。

□有时的行为好像是耳聋一样。

社会性

□对同龄的小朋友漠不关心。

□有客人来时表现冷漠。

□毫无来由地攻击其他小朋友。

□喜欢一个人玩。

□不会表达好恶。

□在公园里，不喜欢玩各种器械，而更喜欢一个人玩沙子。

冲动性

□心情变化快。

□突然发脾气，而且父母无法预测他（她）的行为。

□常常妨碍到其他人。

□容易放弃，容易愤怒。

□听到别人议论自己，会表现出过激的反应。

□经常发生事故，很容易受伤。

□没有任何理由地打弟弟妹妹。

亲密关系

□人际关系不稳定。

□无论见到谁，都可能扑过去，表示亲近。

□会表现出双重性格，有时对妈妈很冷淡，有时又很亲热。

□养育方面存在问题，例如几乎没有得到过妈妈的亲自照看。

父母的责任

□选择合适的教育机构。

□坚持教育孩子养成正确的生活习惯。

□告诉孩子哪些可以做，哪些不可以做，并且保持一贯的态度。

□至少知道三种可以与孩子一起玩的游戏。

□父母说话有礼貌，早睡早起，少看电视，尽量在生活中成为孩子的榜样。

□和孩子一起去书店或玩具店挑选书籍和玩具，然后一起看、一起玩。

□知道孩子又学会了哪些新名词。

□了解孩子心情不好时会做出哪些行为，并知道如何应对孩子的这些行为。

□减少自己的负面行为对孩子的影响。

□只要不存在危险，就要尽量尊重孩子的意见。

□从小事开始，教孩子自己的事情自己做，并且给孩子帮助妈妈的机会（把东西放回原处，把垃圾扔到垃圾桶里等）。

□无论是称赞孩子还是批评孩子时，多使用身体语言，例如抱抱他（她）或抓住他（她）的手。

□一定要明白，这个时期的教育可能会左右孩子的一生。

□当孩子在公共场所耍赖的时候，把他（她）带到卫生间或者车里以后，再告诫他（她）这是不对的。

□即使又有了小宝宝，也一定要先照顾好大孩子。

表0.1　25～36个月女童的平均身高和体重

月龄	体重（千克）	身高（厘米）
25个月	12.51	87.0
30个月	13.35	90.9
30个月*	13.73	94.3
36个月	14.16	94.2
36个月*	14.80	97.6

资料来源：大韩小儿科学会25～36个月女童发育标准值。

注：*数据为“中国九市城区7岁以下儿童体格发育测量值（2005年）”，供参考。

表0.2　25～36个月男童的平均身高和体重

月龄	体重（千克）	身高（厘米）
25个月	12.94	87.7
30个月	14.08	92.2
30个月*	14.28	95.4
36个月	15.08	95.7
36个月*	15.31	98.9

资料来源：大韩小儿科学会 25～36个月男童发育标准值。

注：*数据为“中国九市城区7岁以下儿童体格发育测量值（2005年）”，供参考。

Part 01

培养孩子认知能力的方法总结

必须帮助孩子提高 认知能力

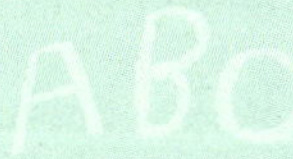

01

妈妈是孩子的“语言治疗师”

孩子一句简单的“妈——妈——”，就会让妈妈的心颤抖不已。只有妈妈，才能明白孩子发出的每一个声音。面对着咿呀学语的宝贝，那种感觉是多么的幸福……

孩子会把他（她）知道的一切用嘴说出来，输入与输出的绝妙组合就是通过语言发育表现的。所以，当孩子说话晚的时候，很多父母难免会担心，会不会是孩子的大脑发育方面出现了问题。其实，在发育方面，每个孩子的情况不一样，有的孩子语言发育会晚一些。早点也罢，晚点也罢，妈妈都应该结合孩子的具体情况，帮助孩子一步一步成长。总有一天，他（她）会成长为一名能说会道、聪明可爱的孩子。其实，每个孩子都有属于自己的语言，他（她）会用自己特有的语言和眼神，与这个世界进行交流，虽然这些语言可能是大人无法理解的。

当觉得孩子说话有些晚的时候，妈妈也不必过分着急，拔苗助长反而会遏制孩子想象力和创造力的发展。其实，妈妈只需站在旁边观察和鼓励孩子就可以了，慢慢地，孩子就学会准确表达自己的意思了。要知道，妈妈的小小努力，就可以让孩子的语言充满丰富的情感。

02

3岁孩子的固执与坚持

有自我观念，独立性增强

这个时期的孩子，已经有了“我”的概念，无论遇到什么事，经常会说“我要做”。在准备吃饭的时候，可以交给孩子一些简单的工作，让孩子觉得“我已经可以帮助妈妈了”。

在这个阶段，孩子想从妈妈以及身边其他人那里获得肯定的愿望越来越强烈。如果这种愿望得不到满足，孩子可能就会表现为强烈的忌妒和反抗，特别是家里有了弟弟妹妹以后，大孩子的忌妒心会变得更强烈。但是，如果他（她）能明白妈妈对自己的肯定，就不会再产生无谓的妒忌了。

这个阶段是孩子情感发育的重要时期，如果孩子情绪不稳定，就会引发更多的问题。所以，妈妈要尽量避免与孩子发生正面冲突。满36个月以后，孩子的这种不安情绪就会逐步缓解和稳定下来。不过，虽然父母的疼爱会有助于孩子情感的发育和健全，但是，如果父母的爱变成过度溺爱，也会使孩子产生依赖心理，这同样也算是一种“亲情缺失”。在亲情缺失状态下长大的孩子，情感发育往往是不健全的。这些孩子经常会出现一些敌对心理，甚至是反社会的行为。

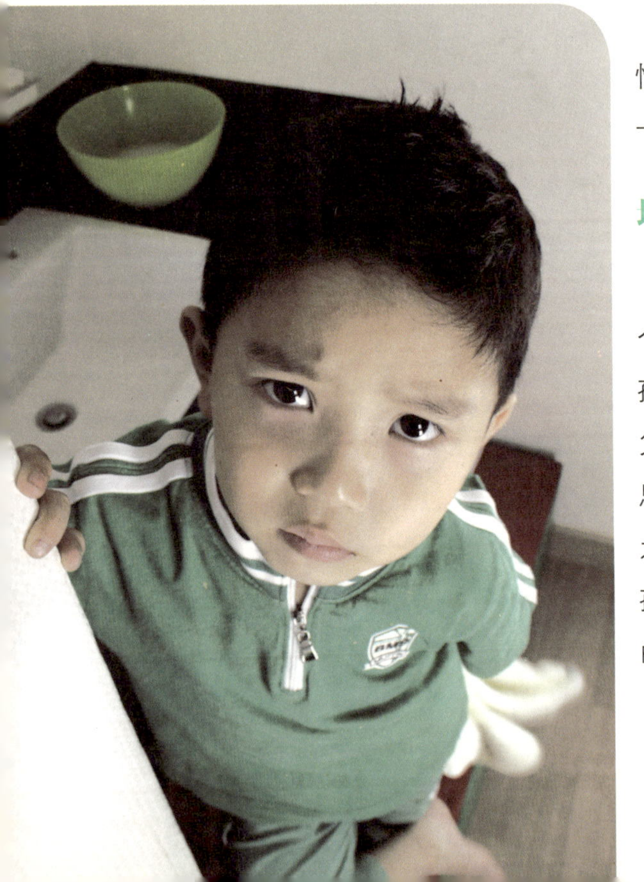

培养道德观念

3岁的孩子，已经可以理解道德的概念了。这个阶段，父母态度一贯性就显得尤为重要，因为孩子往往是通过父母来学习道德观念的。如果父母的行为规则经常变化，很容易让孩子产生思想上的混乱。为了不导致孩子的混乱，夫妻之间也应该努力保持意见一致。这个时期，多给孩子讲一些惩恶扬善的民间故事，培养孩子正确的道德观。

03

语言发育的关键时期

“我的孩子是不是说话太晚？”“我的孩子是不是有点笨？”很多时候，孩子的一言一行可能会让妈妈充满希望，也可能会让妈妈陷入失望。孩子的身体发育是眼睛可以看得到的，而运动发育、语言发育、情感发育则是不易察觉的。可能在父母的不知不觉中，孩子就度过了语言发育、情感发育的敏感期。其实，这些发育是与大脑发育同步进行的，如果大脑发育出现问题，也会造成运动、语言、情感等这几项出现迟缓，因此，必须要更加留意孩子的这几项发育情况。

孩子存在发育障碍，在24个月（2岁）之前治疗效果是最好的。因此，及时检查显得至关重要。当然，并不是只有那些感觉发育慢的孩子才需要检查。通过发育检查，可以知道通过怎样的方法来解决问题，也可以知道平时应该给予孩子怎样的帮助。因此，就算孩子在发育方面并没有什么特殊的异常，在出生后1个月、4个月、7个月、12个月、18个月、24个月等重要的阶段，最好都给孩子做一下发育检查。

根据实际情况说话 孩子认识周围环境的能力与根据时间、地点调节自己情感的能力逐渐增强。孩子越来越会根据情况说话：会跟初次见面的人打招呼；收到礼物的时候会

Tips 请及时带孩子接受检查

如果孩子在发育过程中出现一两种发育落后的情况，到专业机构接受积极的治疗，发育落后的方面可以很快赶上其他同龄的孩子。如果错过了这个阶段，就可能会让孩子经历更大的障碍。在这个问题上，爸爸妈妈一定要做出果断的决定。

不会画直线 这表明小肌肉群发育迟缓或者智能发育迟缓。

不会单腿站立 单腿站立是检查大肌肉群发育程度的一个重要指标。如果孩子到3岁还不能单腿站立一会儿，就要进行发育检查了。

表示感谢；会对长辈使用敬语；也知道在人多的地方应该保持安静……这时候，父母要不断地教孩子怎样根据情况来说话，这会让孩子表现得更好。随着外出的机会增多，可以给孩子看一些介绍公共场合的礼节的书。结合书中内容教孩子根据情况说话，效果会更好。

词汇量更加丰富 这个时期的孩子，对新事物充满了好奇，想要知道事物的名称或更多的新词汇，并且会不断重复同样的问题。他（她）已经掌握了数百个词汇，可以用语言表达出自己的想法，也可以在原来简短的句子中加入连词、助词，变成一个长句子后说出来。如果孩子以前说的是“在包里”，那么现在就变成了“把娃娃放在包里”。孩子在这个时期开始关心文字的意义，并尝试去写想要表达的某种内容。他（她）会开始像画画那样写出自己的名字、熟悉的物品的名称等。在这个时期，那些本来说话比同龄小朋友晚的孩子，突然像经历火山爆发一样，变得爱说话了。父母要耐心回答孩子不断重复的问题，多给孩子读书。这样，孩子的语言发育速度就会突飞猛进了。

模仿大人说话，经常自言自语 这个时期的孩子，特别爱玩布娃娃或积木，还喜欢模仿大人说话，特别是会学着妈妈的口吻跟布娃娃说话。在这个阶段，孩子会模仿大人和小孩以及想象中的朋友或动物的行为。模仿游戏会对孩子社会性发育起到非常重要的作用。

满12个月以后，孩子应该会说出“妈妈、奶”。而满2岁以后，语言能力急速发展，孩子已经掌握数百个词汇，可以说出一些事情了。但是，语言发育存在着巨大的个体差异。有的孩子25个月的时候就能说出句子，而有的孩子到了36个月还不会叫“妈妈”，后一种情况就属于说话晚了。

孩子之所以会出现说话晚，可能是没有得到充分的语言刺激，缺少学说话的机会，或是0～12个月时因为中耳炎等使听力受损等。如果孩子其他方面的发育全部达标，只有语言能力落后的话，那么通过适当指导，完全可以克服。不过，如果与同龄孩子相比，语言发育严重落后或整体发育出现迟滞，最好接受正规的检查。

04 培养一个能说会道的孩子

这个时期的孩子在语言方面已经不再是简单地罗列单词，说的话开始具备句子的形态了。“话痨”妈妈要想让自己的孩子变得能说会道，就要多多跟孩子说话，这会极大地促进孩子的语言发育。

妈妈应该这样做

不断地和孩子说话 当感觉孩子说话晚的时候，妈妈更要不断地给他（她）语言刺激。很多妈妈会在墙上粘贴词卡或给孩子念故事书。但是，这些方法都无法让孩子了解到说话的快乐。其实，让孩子说话的最好方法是让孩子通过在日常生活中自然地学习，感受到沟通与交流的乐趣。如果孩子不肯说话，先不要强迫他（她）。

等待孩子用语言表达 在孩子说出想要的东西之前，妈妈不必努力猜测他（她）需要的是什么，例如以前孩子玩了一会儿后口渴了，不用他（她）说，妈妈就会把水拿给孩子，而从现在开始，在孩子直接说出需要什么之前，不要满足他（她）的要求。除了一些基本的生活需求，尽量等待孩子自己说出需求后再满足他（她）。

给孩子多说话的机会 与那些整天待在家里的孩子相比，可以经常有各种新鲜体验的孩子，想说的话题会更多。经常带孩子去动物园、植物园、博物馆等地方，孩子想说的东西就会越来越多。给孩子读完他（她）喜欢的书以后，要求他（她）把书中的内容复述出来。当孩子用自己的语言说出故事内容的时候，一定要发自内心地称赞他（她）。另外，还可以让孩子讲讲一天内发生的事情。在和孩子一起玩过家家或一起画画时，可以一边和孩子聊天一边进行这些游戏。

重复孩子说的话 孩子说话的时候，如果总是说一个字或一个词，妈妈可以把相同的内容用正式的句子表达出来。如果孩子只说了一个“水”字，妈妈一边给他（她）水，一边说，“你是要喝水，是吗？看来我的宝宝口渴了，快来喝水吧。”当下次再遇到这种情况的时候，孩子就会很自然地学着妈妈的样子说话了。

把孩子的行动用语言表达出来 父母可以代替孩子，把孩子看到、听到、想到的事情以及他（她）的行为都用语言表达出来。当孩子拿起玩具的时候，妈妈可以替孩子把想法说出来，“哇——积木真好玩呀。我们是用积木搭个飞机，还是盖个房子呢？对了，妈妈要做一辆小火车，你想做什么呢？”

不同月龄孩子的语言发育情况

24个月以后

□对“我”和“你”略有了解。

□还不知道自己的名字、年龄、性别。

□还不能进行简短的对话。

□掌握20～30个词。

□不知道物品的用途，比如某件东西是用来吃的、喝的、用的，还是用来扔的。

□没有数字概念。

□知道一些简单的物品名称（球、杯子、毛巾等）。

□可以听懂没有手势的指令。

□会用手指想要的东西。

□可以把名词和动词结合起来一起使用。

□会使用“我、你”等。

30个月以后

□会使用前置词。

□对常见的东西，可以把其中一半左右的名称与用途联系起来。

□可以区分“我、你”。

□有时可以使用由两个词组成的句子（喝水、开电视机等）。

□对其他人说的话，可以理解三分之二左右。

□对自己的名字、性别、年龄，可以理解三分之二左右。

□认识杯子、球、毛巾等简单的物品。

□会用语言表达排泄要求。

□会对“不、是”作出反应。

□可以听懂一些短小的故事、歌曲、诗歌。

□可以理解“进行时、不要、不行、过去、现在”等。

□经常大声说话。

36个月以后

□开始学习数字。

□可以说出一些简单物品的名称和用途。

□说话的速度变快。

□经常使用前置词进行简短的对话。

□可以清楚地区别名词和动词。

□说话的时候突然被打断，出现呼吸不自然或结巴的情况。

□可以听懂用途，并指出该物品。

□可以理解喝、用、吃、扔等动作。

□开始说出物品的名称。

□可以听懂并回答出简单的问题。

□经常问问题。

□可以说出2～3个词构成的句子。

□可以掌握一些声母和韵母。

□虽然经常说错，但仍不停地努力说。

□会使用疑问词问问题，例如“为什么，什么时候”等。

结果分析

在各月龄所列出的状况中，如果符合10条以上，表示孩子发育正常；对于不足的部分，只要略微刺激，就可以得到充分改善。如果符合的条目在5条以下，则表示孩子存在语言发育迟缓的问题，父母有必要去咨询一下专业人士。

05 通过游戏培养孩子的语感

Tips 充分利用电视机

看电视时间过长，会对孩子的语言发育造成障碍。但是，对于那些特别喜欢看电视的孩子，无条件地不让他（她）看，几乎是不可能的。这时候，妈妈可以陪孩子一起看他（她）喜欢的节目，然后让孩子把故事情节、主人公的所作所为等用自己的方式讲给妈妈听。在看电视的时候，如果可能的话，最好一直陪在孩子身边，但一定要注意看电视的时间不能太长。

有研究显示，在满3岁之前，孩子的语言发育水平会达到50%以上。从12个月到3岁，是孩子语言发育最快的阶段。孩子对于周围事物的理解和记忆越来越丰富，词汇量也迅速增加，并且能够听懂较长的句子。这个时期，促进孩子语言发育的最好办法就是“说”。在这个时候，妈妈一定要多陪孩子说话。虽然孩子还不能准确表达自己的意思，与妈妈的对话也不太流畅，不过，语感刺激可以集中培养孩子的语言能力。

培养语感的生活游戏

指着身体部位唱歌 在这个时期，可以通过教孩子各种物品的名称来增加孩子的词汇量。让孩子多听多说，可以很好地培养孩子的语言感觉。如果要想让孩子熟悉语言的节奏和韵律，多给他（她）读歌谣是个很好的方法。还有那种指出鼻子、嘴、手指等身体部位或罗列出各种物品名称的游戏，也很不错。

模仿 让孩子听一些拟声词、拟态语，然后让他（她）说出这些词语所表现的内容。当模仿小猪或麻雀等动物的声音时，同时还要模仿这些动物的动作。让孩子多听各种拟声词、拟态语，熟悉语言的节奏感，这样可以让孩子感受到语言的多样性。

过家家 让孩子抱上布娃娃，和妈妈一起玩过家家吧。孩子和妈妈一起玩，要比独自玩更有趣味性，而且还能享受到交流的乐趣。过家家这种充满想象力的游戏，可以培养孩子造句能力和语言组织能力。

打电话 打电话，是让孩子在固定的时间里表达出自己想说的话，以此来培养孩子的语言组织能力。提前多准备一些日常生活中经常出现的词语，打电话的时候，使用各种词汇和句子与孩子展开对话。每次的通话时间最好不要超过3分钟。否则的话，孩子可能会养成电话聊天的习惯。

每天30分钟，把所有的关注都给孩子 父母是孩子的语言榜样。在与孩子说话的时候，如果父母言辞丰富，并且富有表现力，那么孩子也会很自然地具有一定的表现力。在生活中，百分之百关注孩子的时间其实并不多。但是，无论多忙，妈妈每天都应该抽出30分钟的时间，与孩子面对面坐在一起，注视着孩子的眼睛与他（她）说话或拿出全部心思与他（她）玩游戏。而这时候，不一定非要教会孩子什么，愿意倾听以及愿意与孩子沟通的态度更加重要。

06

结巴和发音不准确

这个时期，随着语言学习的完成，孩子的话越来越多，从现在开始，很多孩子都会出现重复说某一个词或突然哽住，说话不流畅的现象。其实，这些是很正常的现象，因为孩子有很多想法想要表达，但是他（她）对语句的构成还不熟悉，对于语言本身的社会性功能也不熟悉。时间久了，这些现象会慢慢消失。不过，如果孩子结巴的次数越来越多，并表现出了持续性结巴，最好去咨询一下专业的语言治疗师。如果父母想要自己直接来纠正孩子的结巴，可能会产生相反的效果。结巴的情况，如果在早期发现并且治疗，是很容易治愈的。

请这样做

孩子结巴的时候，不要立刻指出来 当孩子说话结巴的时候，如果妈妈立刻指出来，并且告诉孩子，“慢慢来”“像我这样说”，可能会让孩子结巴的症状进一步恶化。每次父母这样做的时候，孩子就会意识到自己结巴，认为“原来我连话都说不好”。有了这种想法后，孩子结巴的情况就会更严重。

尊重孩子 孩子说话的时候，不要在中间打断，要一直听他（她）说完。这是对孩子的尊重。而且，对于孩子来说，父母的这种态度是非常重要的。

妈妈要减缓语速 和孩子说话的时候，妈妈要减缓语速。就算孩子说得特别慢，也不要催促他（她），要给孩子充分的时间。

这本来就是发音不准确的时期 一般来说，5岁之前属于发音不完整时期。孩子在25～36个月期间发音不准确，是不必过分担心的。不过，如果应该是孩子在12～24个月或25～36个月会说的话，却晚了6个月或更长时间才会说，而且，除了妈妈，别人都听不懂孩子的话，就须要去咨询专业医生了。

不要训练孩子的发音 当孩子发音出错的时候，如果立刻指出来或去训练孩子发出正确的音，孩子就会认为自己说错了，以后可能就不再说这个词，甚至干脆不说话了。当孩子特别在意自己的发音时，反而会发音更加不准确。孩子不是一次完成发音训练的，是要通过反复练习来掌握准确发音的。所以，当孩子出现发音不准的情况时，无须特别训练，父母只要和孩子多说话就可以了。

Tips 孩子偶尔结巴怎么办

36个月的男孩，从24个月开始会说，而且一直说得不错。但不久前，孩子突然开始结巴了。虽然不是经常出现，但听起来还是很不顺耳。他会一直结巴下去吗？

因为脑海里有很多想法，想要通过嘴表达出来，可是，孩子对说话以及词句的构成都还不熟悉，也不熟悉语言本身的社会性功能，所以会出现结巴的情况。这是在学习语言的过程中，大部分孩子都会遇到的正常现象。

当孩子结巴的时候，如果父母直接纠正，结果，本来孩子是正常发育过程的结巴，可能会变成病态的结巴。对于结巴的孩子来说，周围人不在意，就是纠正结巴的最好方法。

不过，因为结巴在初期发现并且治疗是最有效的。如果孩子出现结巴的情况，最好还是检查一下。给4～6岁的孩子一分钟，让他（她）说说幼儿园里发生的事情。如果孩子出现在100个词中有10个以上结巴或说话时突然哽住几秒钟，一个音节要重复三四次的情况，就属于结巴症状，须要尽快就医。

“我的孩子已经34个月了，可到现在为止，连‘妈妈’都没有好好地叫过一声。他想要什么东西，只会拉着我的手去指那个东西，表达不出自己的意思时，就会扔东西或大喊大叫。我们夫妻两人都要上班，和孩子在一起的时间不太多，所以就更加担心……他这个样子，是不是有什么问题呀？”

07

该怎样对待说话晚的孩子

“我的孩子30个月的时候才开始说话。可是，现在已经35个月了，说话的情况却和刚开始的时候没有多大进步。有没有什么方法可以让孩子学说话快点呢？”

看着孩子咿呀学语时，妈妈会感到莫大的幸福。孩子36个月时，已经可以和妈妈进行简单的对话了，这更是让妈妈感到欣慰。可是，有的孩子说话却很晚。说话晚的孩子，有一个共同的特点：无法用语言进行沟通，当心情不好的时候，只能通过扔东西或喊叫来表达情绪。其实，学习语言成功与否，并不在于说得多流利，而在于是否可以与人进行交流和沟通。30个月以后，孩子与他人相处的欲望会越来越强烈。如果这个时候不会说话，会给孩子造成极大的压力。

为什么有的孩子说话晚

有的孩子在其他方面都没有任何问题，只是说话晚。他（她）可以听懂大人说的话，也可以熟练地用动作或表情等来表达自己的感情，但无法用语言来表达。只要略微对他（她）施加一些刺激，这样的孩子很快就会说出一串串流利的句子了。

不过，如果孩子存在认知能力不足的情况，就需要特

Tips 孩子说话晚，问题到底出在哪里

1 孩子在新生儿时期，妈妈几乎没有跟他（她）说过话。

2 从来不注视着孩子的眼神跟他（她）说话。

3 在孩子用语言表达出意思之前，妈妈就提前知道了孩子要表达的意思。这减少了孩子说话的机会。

4 孩子大部分时间都在看电视。

5 总是让孩子玩拼图或积木等一个人玩的游戏。

6 经常更换照顾孩子的人。

7 只给孩子喝果汁、吃糊糊，但从不让他（她）吃固体食物。

8 一直给孩子用奶嘴和奶瓶，延迟了孩子乳牙和口腔结构的发育。

9 只让孩子待在家里，孩子缺乏与小朋友接触的机会。

10 从来不给孩子讲故事或读书。

11 总是强迫孩子跟着自己说，每当孩子说错话的时候，立刻纠正他（她）的发音。

12 利用卡片或教材，对孩子进行填鸭式教育。

别的治疗了。智能方面有问题的孩子，不仅不会说话，学习其他东西的速度也会很慢，他（她）需要的是全方位的发育刺激。如果小时候曾经患过中耳炎等与耳朵有关的疾病，并且比较严重，孩子的听力水平就可能大大降低。因为孩子听不清楚，学习说话自然就会很费力。对于这种情况，应该首先将孩子的听力恢复正常。还有一种情况，就是有自闭倾向的孩子说话会晚，因为这样的孩子几乎没有想要说话的欲望。

怎样判断语言障碍

语言障碍，指的是因为某种原因，通过语言与别人交流存在困难。出现这种障碍，大致来源于气质和智能两个方面的原因。要想了解具体的语言障碍原因，则需要专业人士的帮助。如果孩子说话时间比同龄的小朋友晚了6个月以上，爸爸妈妈不能只是闷在家里发愁，应该尽快带孩子去医院接受检查。如果错过了治疗时期，事情会变得更加麻烦。如果孩子出现下列这些症状，则有可能出现了语言障碍，最好寻求专家的帮助。

□语调没有高低变化，非常单调。

□嗓音特别大或特别小，音质也不好听。

□会直接模仿电视或故事书里看到的东西，并不断重复。

□36个月以后，还重复提出问题或重复回答问题。

□不太会使用代名词。

□当提到某个东西或某个人时，不会用手指那个东西或那个人。

□36个月以后，依然经常长时间自言自语。

□不知从什么时候开始，词汇量不再增加，而且说话的时候面无表情。

□12个月的时候，仍然不会模仿。

□15～18个月的时候，还不会发出声音。

□会说出个别词，但不会把单词连在一起说出来。

08 通过玩具促进孩子的发育

玩具，如果利用得好，可以成为很好的教育工具。当然，并不是说，只有具有教育效果的玩具才是好玩具。只要是能够让孩子产生兴趣，符合孩子气质和身体发育的玩具，都是最好的玩具。

有攻击性的孩子：可以摔打的玩具

对于有攻击性的孩子，妈妈通常给他（她）拼图或布娃娃这类可以安静地玩的玩具。但是，这类玩具根本无法引起孩子的兴趣，反而会让他（她）感到有压力。其实，在这种情况下，沙袋、打击乐器、敲击类玩具才是更好的选择，这样可以让孩子通过健全的方法来减轻压力和愤怒。不过，不能给孩子刀枪等以人为攻击对象的东西。对于有攻击性的孩子来说，水是很棒的嬉戏对象。水是一种没有固定形态的物质，孩子可以任意玩水，这对于情感表达和消除压力都很有好处。

固执的孩子：有次序和规则的玩具

灵活应用超市购物玩具或者保龄球，都可以让固执的孩子很自然地学习怎样遵守规则。布娃娃这类能让孩子体验到妈妈如何照顾孩子的玩具，也是不错的选择。

Tips “妈妈是最好的玩具”

对于25~36个月的孩子来说，生活本身就是一种学习。在这个阶段，正确塑造孩子的性格，让孩子保持情绪稳定，孩子其他方面的发育也会一帆风顺。在学习和发育方面，要让孩子最大限度地发挥出自身的潜力。

孩子的学习是在玩耍中进行的。如果感觉孩子发育慢或好像存在问题，最好的改善方法，就是妈妈与孩子一起玩。孩子最好的玩具，就是妈妈。妈妈一定要明白：无论对智能发育多么有好处的玩具，如果只是把它扔给孩子，对孩子的发育是不会有任何效果的。哪怕每天只有一个小时与孩子面对面相处，帮助孩子集中精神玩，就能够100%发挥出玩具的效果，同时也能大大促进孩子的发育。

玄顺英（韩国李路达儿童发展研究所所长）

说话晚的孩子：会发出声音的玩具

键盘乐器、录音机等能够刺激听力的玩具以及玩具电话、手指木偶等可以引导孩子说话的玩具，都对孩子语言发育有很大帮助。

消极的孩子：沙子、橡皮泥等形态不确定的玩具

消极的孩子，大多内心都承受了一定的压力，有负面的情绪。多让这类孩子玩玩沙子、橡皮泥这些没有固定形态的东西。这类玩具可以让孩子按照心意自由发挥，帮助孩子把内心的情感表达出来。给孩子一张纸，让他（她）随意撕、折，也是不错的方法。

反应慢的孩子：能即时反应的玩具

给反应慢的孩子挑选那种一按就会出声或有娃娃弹出来等会作出即时反应的玩具。反应慢的孩子经常对周围的环境，甚至玩具漠不关心，最好为他（她）选择那种略带刺激的玩具。泡泡枪这种能立刻看到自己行为结果的玩具，也很适合这类孩子。

GIRLS
painting
collage
shapes

在妈妈的信任中长大的三姐妹音乐组合——安氏三重奏组

2000年，安氏三重奏组被《洛杉矶时报》评选为最值得关注的音乐组合。安氏三重奏组是由玛丽亚·安，露西娅·安，安姬拉·安三姐妹组成。在三姐妹的身后，有一位优秀的母亲李英珠。1981年，李英珠带着三姐妹来到纽约，她一边经营洗衣店，一边教孩子们音乐。

在培养孩子方面，李英珠觉得，最重要的就是要尊重孩子的个性。她会帮助孩子实现她们的理想，但不会把自己的意愿强加到孩子身上。大部分妈妈在让孩子学习音乐的时候，都会让孩子进行大量的练习，可李英珠不是这样。别的孩子每天练习7个小时，她的孩子却只练习3个小时。剩下的时间，孩子们可以尽情地玩耍。李英珠经常带孩子们去看各种戏剧、展览、音乐会等，她认为这些对孩子的情感开发会大有好处。虽然，她没有给孩子们购买过昂贵的衣服和鞋子，但是，在一些可以提高孩子情商指数的事情上，李英珠一直都表现得很大方。

另外，当孩子出现问题的时候，李英珠会用写信的方式来告诉孩子，尽可能给孩子最大的尊重。李英珠的教育方针就是，要让自己的孩子获得最大限度的自由。安氏三重奏组曾经在一次访谈中表示，她们的成功完全是因为有这样一位一直给她们肯定和尊重的妈妈。

你是否也曾经因为想把孩子培养成才，而把自己的意志强加给孩子？其实，只要为孩子创造一个可以努力的环境，并给他（她）充分信任，孩子就会在妈妈的信任中茁壮成长。还有一件事也是非常重要的，那就是，孩子的努力，并不是为了以后出人头地，而是通过自己的行动，获得真正的幸福……

译注：安氏三重奏组由出生在韩国的安氏三姐妹组成。孪生姐姐玛丽娅·安演奏大提琴，孪生妹妹露西娅·安演奏钢琴，比她们小两岁的妹妹安姬拉·安演奏小提琴。她们耀眼亮丽的演奏艺术风格吸引了世界各地的无数观众。

Part

02

让孩子更加讨人喜欢

必须培养孩子的社交能力

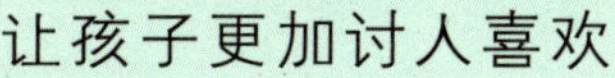

09

孩子是父母的镜子

最近，很多人都觉得，“小皇帝型”的孩子越来越多了。这类孩子只要稍不满意，就会撒娇耍赖，大哭大闹。这个时候，如果妈妈上去哄他（她），孩子反而会变本加厉，闹得更凶。

有些双职工的父母，因为没有太多时间陪孩子，感到十分歉疚，于是就买很多礼物来弥补孩子。在这样的父母身边长大的孩子，很容易变成以自我为中心、不考虑别人、非常自私的人。父母的教育态度会对孩子的性格产生极大的影响，无条件的爱有时会变成对孩子的伤害。当孩子在公共场合妨碍到别人或耍赖哭闹的时候，父母必须立刻制止他（她），并且告诉孩子这样是不对的。从小就让孩子明确知道什么是正确的行为，在孩子的成长过程中是非常重要的。在家里接受良好教育的孩子，会成为受到大家欢迎的人。这样的孩子，聪明、人缘好，除了小朋友，连大人也会喜欢他（她）。如果孩子性格执拗，经常打人，在公园里不和小朋友一起玩，妈妈就应该好好检讨一下教育方式。可以这样说，孩子的错误就是妈妈的错误，没有哪个孩子从一开始就是错的。与其总想着给孩子买漂亮的衣服、昂贵的玩具，不如在孩子的性格教育方面多花点精力。这才是真正为孩子着想。

10 孩子的营养状况会影响情感发育

在美国儿童和青少年精神病学学会发表的学术报告中提到，这个时期的孩子有时会出现一些攻击性行为，例如从弟弟妹妹那里抢走了玩具，看到弟弟妹妹大哭，他（她）却很有成就感。这种错误的行为反而会让孩子感觉到快感，对此父母不必过分担心。在3岁以前，孩子的全部世界就是妈妈和自己。但是，到了3岁以后，孩子了解到，除了妈妈，还有与朋友共处的世界，同时也扩展了自己的领域。而且，孩子的独立意识越来越强，他（她）不喜欢大人的干涉，强烈希望按照自己的意愿做事情。因此，在这个时期，妈妈必须与孩子展开一场竞争。孩子不再对所有事情都爽快地回答“是”了。

专家建议，这个时期，父母必须仔细检查孩子的营养状态以及成长环境等。美国南加利福尼亚大学的研究所曾经在美国精神医学频道发表报告，报告认为，如果食物中缺少锌、铁、B族维生素和蛋白质，孩子更容易发怒，而且表现出爱与别人争斗的倾向。这个研究报告的作者爱得里奥·莱恩指出，“如果孩子的营养状态不好，会导致孩子智商低下，孩子长大后会出现反社会的行为。”他认为，父母应该为子女提供营养丰富的食物，以预防孩子日后出现负面的情况。但从事社会教育研究的努必得财团的安·海伊凯博士却持有不同的意见。他认为，“虽然营养不良会引起孩子的多动症，但是，父母的教育态度、孩子与朋友的关系、环境的影响等，都是诱发反社会行为的更主要的原因。”所以，必须从幼儿时期开始，对孩子进行正确的性格教育。

如果把这两位学者的观点综合起来，那就是父母必须努力制止孩子的反社会性，培养孩子良好的性格。那么，现在就请思考一下，你是有耐心的父母吗？你提供给孩子的营养能够满足他（她）的生长发育需求吗？

Tips 3岁孩子的情感发育

孩子满30个月以后，开始建立“所有”概念。而且，孩子的自我概念越来越清晰，他（她）会通过“我的家”“我的娃娃”“我的妈妈”等说话形式来表达对“我的东西”的认识。在这个时期，孩子对世界的好奇心也越来越强，每天都有无数问题，看到什么都想去看一看、摸一摸。孩子对新事物会充满兴趣，并想去尝试。孩子的运动能力有了进一步发展，已经可以自己吃饭，自己穿鞋了。即使没有父母的帮助，孩子也可以得到自己想要的东西，同时，孩子开始懂得反抗了。孩子已经可以明确区分喜欢与不喜欢的东西了。当妈妈要孩子去做事的时候，如果他（她）不喜欢这件事，是不会做的。

孩子情感发育出现问题时的表现

□每天发脾气达3次以上，每次发脾气持续15分钟以上。

□打碎喜欢的物品或攻击他人。

□做伤害自己身体的自残行为。

□夜晚无法入睡。

□不能与妈妈分离片刻。与妈妈分离时，情绪极度不安，甚至全身发抖。

□表情单一，不爱说话。

□动不动就哭，经常做噩梦。

如果以上情况达到4种以上，则最好去寻求专业人士的帮助。

11 纠正孩子的坏行为

孩子到3岁以后，和小朋友一起玩的机会越来越多，外出时见到朋友的机会也越来越多。因此，父母应教孩子一些日常生活中的规则和礼仪。这个时期，孩子的生活习惯会直接影响到孩子的行为。

光说“不行”是不行的

25～36个月的孩子，想要事事按自己的意愿去完成。从这个阶段开始，孩子正式进入探索行动期，逐渐有了反抗意识。这个时期，父母的教育方针会对孩子的性格产生巨大的影响，例如父母的教育既可以让固执的孩子更固执，也可以让乖巧的孩子更乖巧。如果想要纠正孩子的执拗，动用成人的力量，很可能会进一步激化孩子的性格，应该特别注意。父母应该最大限度地尊重孩子的自律性，一定要区分出什么时候才是真正说“NO”的时候。

类型一：特别讨厌弟弟妹妹

因为觉得小宝宝抢走了父母对自己的爱，大孩子会出现一些攻击性的行为，或为了吸引妈妈的注意说一些不该说的话。家里又有个小宝宝以后，大多数大孩子都会表现出类似的行为，父母不必过分担心。这时候，父母必须调节好孩子的忌妒心理和孩子对弟弟妹妹的态度。

告诉孩子“妈妈现在依然非常非常爱你” 经常抱抱大孩子，并且跟他（她）说，“你出生的时候，爸爸妈妈觉得幸福极了，妈妈现在依然非常爱你。”经常说这样的话，可以让大孩子知道，爸爸妈妈并没有被小宝宝抢走。最重要的是，一定要让大孩子意识到，无论是过去、现在，还是将来，他（她）永远都会得到父母最多的爱。

启发大孩子的保护心理 有意识地让大孩子照顾弟弟妹妹，“小宝宝好像饿了，该怎么办呢？你能不能去喂他（她）点儿东西？”以此启发孩子的保护心理。

爸爸要成为大孩子的支持者 因为妈妈照顾小宝宝的时间增多，爸爸要成为大孩子的支持者。下班以后，爸爸可以先抱抱、亲亲大孩子，用行动表达对他（她）的疼爱。

不好的做法 “你是姐姐，要让着弟弟。”不要总是无条件地要求大孩子让步，也不要过分要求孩子去承担一些责任。因为，虽然大孩子比小宝宝大，但他（她）依然还是小孩子。

类型二：热衷玩破坏性的游戏

这个时期的孩子，会对一些过激的游戏表现出很大兴趣，例如他（她）会要求妈妈用积木堆一座高楼，然后他（她）走过去，“哗啦”一下把高楼推倒。这会让孩子们觉得很有趣，而且还能消除孩子的紧张感。

让孩子一直玩到没有兴趣为止 其实，孩子喜欢的是自己行为引起的变化，而不是破坏。这时候，让孩子尽情玩个够，直到他（她）自己失去兴趣，不再提出这样的要求。也可以变换一种方式，就是让孩子自己盖楼，转移一下孩子的兴趣。

和孩子一起玩 尽量充分满足孩子的要求，而且，最好和他（她）一起玩。如果大人也觉得很有趣，孩子就会更加兴奋。如果妈妈一味要求孩子安静地玩玩具，就忽视了孩子的心理需求。孩子玩跳跃以及发出声音的游戏，其实是在满足自己的各种要求。

不好的做法 有些妈妈对孩子大叫“不要弄得那么乱”，这是一种不妥的做法。在孩子玩兴正浓的时候，妈妈尽量不要呵斥他（她）。

类型三：经常打人

如果孩子只对父母做出暴力行为，可能是因为他（她）与父母的关系存在问题或缺乏关爱等原因。但是，如果孩子对任何人都会有这类行为的话，很有可能是因为孩子的周围有人经常使用暴力或孩子天生的气质如此。

减少暴力环境 父母认真观察孩子会在哪种情况下做出暴力行为，然后，尽量减少这种情况的发生，例如有些孩子闹觉严重，没有睡好的时候，孩子就会发脾气，还会有一些过激的行为。这时候，只要让他（她）好好睡一觉就可以了。父母尽量不要在孩子面前吵架或大声喊叫。

严厉地制止孩子的暴力行为 如果孩子持续做出一些暴力行为，妈妈必须要用一种严肃的表情告诉他（她），“不可以这样做！”如果孩子还不停止，妈妈可以在身体上控制住孩子，让他（她）不能随意活动。要让孩子知道，妈妈的力量比他（她）更强。

不好的做法 对于孩子的暴力行为，妈妈不能有时置之不理，有时又非打即骂。这样做只会让孩子与妈妈的关系越来越糟。而且，再想纠正孩子的暴力行为就更困难了。

类型四：总缠着妈妈

那些总缠着妈妈的孩子，通常都存在一定的分离不安情绪。如果妈妈不在，他（她）会觉得自己什么也做不了，所以，这样的孩子会整天追在妈妈的身后。

让孩子产生成就感 当孩子一直缠着妈妈的时候，千万不要呵斥他（她）“走开！”相反，可以让他（她）帮妈妈做些事情，“能帮妈妈把筷子放到餐桌上吗？”当孩子照做以后，妈妈一定要鼓励他（她），“原来你一个人也可以做得这么好！”让孩子感受到靠自己的力量也可以做很多事的成就感。

给孩子提供与朋友一起玩的机会 可能的话，让孩子经常和其他小朋友一起玩。邀请小朋友来家里，去其他孩子家里玩，或让孩子和小朋友一起到公园玩挖沙子，等等。开始的时候，妈妈要陪在孩子旁边，慢慢地，妈妈只要在不远的地方看着孩子就可以了。

不好的做法 “你怎么一个人什么也干不了？”这样的话，会对孩子的心灵造成伤害，尽量不要这样说。而且，这类话还会让孩子变得越来越胆小。

12 孩子哭闹着要求"买这买那"

严重哭闹

3岁的孩子，有时会出现严重的哭闹。这种负面的反抗行为其实是孩子独立性的一种表现。因为孩子开始有了自己的想法，已经明确知道自己想要的到底是什么，所以，对于孩子的哭闹行为，父母不要无条件地认为那是不好的。如果因为孩子严重哭闹而认为孩子养成了坏习惯——没有礼貌，就是妈妈的失误了。

尝试用时间解决问题 当孩子哭闹得比较厉害的时候，父母可以尝试用时间来解决问题，给孩子一个独立的空间，让他（她）独自在自己的房间里待一会儿，反省一下自己的问题。

对正确行为给予奖励 当孩子做出一些正确行为时，父母就要给予适当奖励。奖励的方法可以是称赞、微笑、一个小特权等，也可以是每周带孩子去外面吃一次饭或去公园玩。用这些奖励来取得孩子的欢心。

表现出不关心的态度 当孩子打人或是发脾气的时候，妈妈可以不作任何反应，表现出一种毫不关心的态度。妈妈要让孩子知道，无论他（她）怎么闹，要求都不会得到满足。

不好的做法 当孩子哭闹的时候，妈妈一定不要跟着孩子发脾气。越是这样的时候，妈妈越应该站在孩子的立场去理解他（她）的心情。当然，还需要妈妈有解决问题的决心和耐心。

无理要求

在这个阶段，孩子还无法像成年人那样控制自己的冲动或欲望，孩子大脑的生理功能也还没有成熟。孩子会一直想要确认父母对自己的爱，确认的方式就是要把眼睛看到的东西立刻拿到手里。孩子们对于钱还没有足够的认识，他（她）会认为，无论什么东西，父母都应该买给自己，这是天经地义的事。

用冷静平淡的语调回应　妈妈可以在保持冷静的状态下，轻声但坚决地告诉孩子“不行！”然后就可以不再理会孩子的要求了。就算孩子做出很可怜的样子，妈妈绝不能心软，而应该尽量与孩子沟通，让他（她）接受。妈妈可以简短地跟孩子解释，“家里已经有跟这个差不多的了”“没有钱了”“这个太贵了”等，然后等孩子自己把东西放下。

明确表明妈妈的态度　如果孩子坐在地上，甚至躺在地上不起来，妈妈可以把孩子拉起来，带他（她）离开那里。这时候，为了明确表明妈妈的态度，不管孩子哭闹还是大声喊叫，妈妈都不能妥协，而且必须要控制好自己的情绪。

停止购物　如果孩子一直发脾气，妈妈最好马上停止购物，带孩子回家。这样做的目的，是要让孩子知道，并不是因为妈妈生气了，而是因为孩子的这种行为才让购物或外出不能继续下去。

不好的做法　当孩子大声纠缠的时候，妈妈绝对不能跟孩子一起闹，并且比孩子更大声。如果这样，事情就变成了比谁的声音大。另外，妈妈也绝对不能使用一些胁迫性的言语，例如“要是你再这样，妈妈就走，不理你了”，因为这样说会让孩子更加不安，并使孩子产生恐惧心理。

13 内向的孩子就没有领导才能吗

很多妈妈都有一种错觉，认为强势的、有魅力的孩子才有领导才能。金英美就抱有这样的想法。她的儿子辉灿已经35个月了，无论是认知能力，还是语言能力，辉灿都要比同龄孩子优秀，但他却非常害羞。这让金英美非常担心。任英美看着女儿美来（34个月），也有着同样的忧虑。任英美自己小的时候，就表现得很有领导才能，邻居们看到她，都说她以后会当妇联主席。女儿美来却性格内向，不管在哪儿，美来都喜欢一个人安静地待着。站在妈妈的立场，当然想要从别人口中听到对自己孩子的称赞，“真聪明”“以后一定能有出息”，等等。真的是像很多妈妈认为的那样，敢大声说话、表现活跃的孩子，才具有领导才能吗？很多育儿专家认为，把内向与没有领导才能画等号，是一种错误的想法。

韩国李路达儿童发展研究所的玄顺英所长认为，“内向的孩子，会专注地倾听别人说话，对于交给自己的工作，他（她）会坚持做完”。过分积极的孩子常常以自我为中心，反而不如那些安静的孩子更能包容别人。

21世纪的领导人，应该思维灵活，有创造性，并且善于与人相处。因此，父母不应总是对孩子的一些特性感到不满，而应该去接受孩子，并努力培养孩子的长处。

妈妈会对孩子产生巨大的影响，所以，妈妈应该多对孩子说一些鼓励的话，“你能做好”“一定要全力以赴”。很多时候，一些小小的努力，都能培养孩子的领导能力。

这样培养孩子的领导才能

不要说否定的话 不要说会打击孩子士气的话，例如“怎么做什么都不如别人？”

准备工作很重要 和孩子一起玩，可以从孩子擅长的游戏开始。当孩子产生了一定程度的自信以后，再给他（她）选择其他活动的机会。如果确定好要玩的游戏，可以对孩子说，“这个应该很有意思，我们一起玩好吗？”

让孩子多做一些活动身体的游戏 为了让内向的孩子多些活力，可以让他（她）玩一些需要活动身体的游戏，例如摔跤、拳击、扔枕头等。并且，最好能让孩子每天玩30分钟。

Tips 有领导才能的孩子

1 善于结识新朋友。

2 经常产生一些创造性的想法，说一些有创造力的话。

3 总想要帮妈妈做事。

4 看书的时候很认真，会对某一件事特别专注。

5 有强烈的好奇心。

6 喜欢跑跳类的运动。

7 懂得照顾弟弟妹妹和其他小朋友。

8 喜欢集体游戏。

9 无论什么事情，都想独立完成。

10 不喜欢失败。

11 有强烈的责任感。

12 会为了得到赞赏而努力。

13 可以独自玩组合类玩具。

14 善于模仿爸爸。

如果符合以上条目5条以上，表明孩子具有潜在的领导能力。

14

必须纠正不良的语言习惯

大声吵闹

很多时候，孩子大声吵闹，可能是出于吸引妈妈关心的心理动机，或是因为环境的变化带给孩子很大的压力。如果温顺的孩子突然变得暴躁，很可能是因为最近出现了某种压力。如果孩子一直都表现得敏感、易怒，那可能就是发育过程中出现的一种正常现象了。

减少环境带来的压力 如果孩子因为剧烈的环境变化而大声喊叫，父母必须要清除掉给孩子造成压力的原因。

不理孩子 妈妈应该最大限度地尊重孩子的意愿，但如果孩子一味吵闹，妈妈可以暂时离开，不理会他（她）。如果孩子一吵闹，父母就打他（她），孩子的情绪会变得更加不稳定。而且，再想要纠正孩子的坏习惯会更加困难。

骂人

在游乐场或公园和小朋友一起玩的时候，孩子很自然会学到一些骂人的话。小孩子说出这些话，一定会立刻引起周围人的关注。看到大家做出惊讶的表情，孩子常常会觉得很有趣，于是就继续那样说。

不去理会 如果孩子一边说脏话，一边表达某种想法或提出某种要求，可以不去理他（她）。相反，当孩子有礼貌地说自己的要求时，父母一定要注意倾听。通过这种方式，父母要让孩子意识到，说脏话只会让自己受到损失。

让孩子模仿说话有礼貌的小朋友 如果孩子身边有一些说话很礼貌的小朋友，就可以经常称赞那样的小朋友，鼓励自己的孩子模仿有礼貌的小朋友。当孩子骂人的时候，如果妈妈反应过度敏感，反而会让孩子感觉很有意思，孩子就会抱着游戏的心态继续那样说。

不停地问“为什么”

孩子到了3岁左右，总会重复问“为什么”，比如“妈妈，为什么大海是蓝色的？”“为什么月亮总是跟着我？”孩子的“为什么”开始变多，表示孩子正在长大。

努力和孩子一起去解决问题 有时候，孩子一直问“为什么”，是为了要吸引妈妈的注意。可能的话，妈妈可以做出简短的回答。如果妈妈的回答不能让孩子满意，可以把问题抛回给孩子，“那你是怎么想的呢？”“让我们去查一查百科全书吧。”妈妈要尝试和孩子一起解决问题。

引导孩子问一些有创造性的问题 当孩子问，“妈妈，天空为什么是蓝色的？”妈妈的回答不必采用那些孩子根本听不懂的科学解释，可以回答，“是不是有人在天空里撒了蓝色的颜料呢？”这样的回答能培养孩子的创造力和想象力。当孩子对某种东西表现出兴趣，并产生了一些特别的想法时，妈妈一定要起到推手的作用。

15 最有效的育儿秘诀

金恩镇几乎是前后脚生下了两个孩子。同时面对2～3岁的两个男孩子，金恩镇不只是身体上感到吃不消，精神上承受的育儿压力更是其他妈妈所无法体会的。

两个男孩子，尤其是在这样一个时期，几乎一刻都不停歇，常常把家里弄得像刚发生了世界大战，妈妈的偏头痛自然是免不了的。事实上，金恩镇想外出一会儿都很困难。虽然也经常会呵斥孩子，但两个孩子依然我行我素。面对孩子不断要求“给我买新玩具吧”“带我去公园玩吧”时，金恩镇曾经对孩子说谎，甚至打骂他们。其实，很多妈妈都已经习惯了对孩子说“不要”，而不是“可以”。

这个时期，孩子会产生强烈的好奇心，并对所有的事都充满挑战精神。如果妈妈只是一味无视或拒绝孩子的要求，孩子当然不会听妈妈的话。当孩子哭闹或出现一些异常举动的时候，如果父母采取吓唬或打骂的手段，是不会有任何效果的。那么，当孩子做出一些异常行为的时候，妈妈应该如何应对呢？

Tips 当孩子哭闹不止时

当孩子哭闹得很厉害的时候，可以把他（她）带到一个安静的地方，然后用两个手臂环抱住孩子，低声地安慰，“安静下来就会没事了”。当孩子可以控制住自己的情绪了，妈妈就可以缓缓松开手臂。当孩子完全停止了哭闹以后，妈妈可以给孩子喝点水，并用冷毛巾帮孩子擦擦脸。

管理孩子的七个育儿秘诀

减少对孩子的限制和要求 妈妈不要过度限制甚至禁止孩子的行为。父母说出的“不行”，很容易让孩子发怒，并让孩子表现出抵触情绪。当然，在必要的时候，孩子的有些不当行为还是必须要禁止的。

说过一次“不行”的事情就绝对不能做 一定要让孩子

明白，无论他（她）怎样纠缠，怎样哭闹，都不会得到想要的东西。妈妈要看着孩子的眼睛，告诉他（她）“停止”。如果孩子躲避开妈妈的眼神，妈妈可以先轻轻抓住孩子的双肩，然后再对他（她）说。这时候，妈妈说话的声音不必太大，更不能神经质，低沉但坚决的声调是最合适的。

交给孩子选择权　在可以接受的范围内，妈妈可以允许孩子自己选择，例如“要玩哪个”“用哪个杯子喝水”等。

了解孩子的气质　对于积极的孩子，妈妈可以增加他（她）的活动量。对于反应较慢的孩子，妈妈要给他（她）充分的时间来适应新变化。

转移孩子的注意力　妈妈可以用孩子喜欢的玩具或游戏来转移他（她）的注意力。年纪越小的孩子，这种方法效果越明显。用冷水洗脸或带孩子去公园里散散步，也是不错的方法。

对信号作出快速反应　当孩子生气或心灵受到伤害的时候，妈妈要帮助孩子把情绪发泄出来。如果孩子哭闹，妈妈可以问他（她），“是不是哪里不舒服？想要妈妈做点什么？”如果孩子不会表达，妈妈要猜测孩子的状态，帮他（她）说出来。例如“是不是在公园里发生了什么事？”“是不是妈妈没有给你买新玩具，所以生气了？”

教孩子用行动来表达　教会孩子使用肢体语言来表达情绪，比如扔一些不会碎的东西，打沙袋，跑步等。对情绪不能采取压制，妈妈应该帮孩子找到一条发泄情绪的通道。

16

培养具有一定社会性的孩子

有些孩子只喜欢一个人玩，不习惯与其他小朋友在一起，而且常常无法完全表达出自己的意思。这些都表明，孩子在社会性发育方面存在一些问题。现在，这样的孩子越来越多。那么，对于那些消极的孩子，该如何培养他（她）的社会性呢?

现在，妈妈带着孩子生活在公寓里的情况越来越多。生活的环境好了，但孩子与外界的接触却少了。社会性是需要父母倾注心血培养的一种特别的能力。25～36个月的孩子，还不能自己选择、结交朋友。和妈妈一起去邻居家见到的小朋友以及在公园里遇到的孩子，都可以成为他（她）的朋友。可是，有些孩子却不喜欢和别人一起玩，甚至会躲避其他孩子。之所以会出现这种情况，可能有很多种原因。比如孩子没有掌握游戏方法或不懂得谦让，无法参与到游戏中，要么就是因为平时父母的过度保护，让孩子从来没有过类似的体验。如果孩子不懂得考虑别人，无视规则，只想按照自己的意愿做事，妈妈可以通过一些讲求规则的游戏，让孩子在玩耍的过程中很自然地学会如何遵守规则。孩子社会性的培养不是一朝一夕完成的。如果不想让自己的孩子变得不合群、没有朋友，就要在平时注意培养孩子的社会性。

Tips 培养社会性发育的游戏

去市场 可以带孩子一起去商店或市场。虽然只是看到很多人，但对于孩子来说，这却是很有趣的体验。在孩子眼睛看到的世界里，有亲切微笑的人，可能也有面目可憎的人。这种体验，也是孩子对世界的探索。

打电话 这个游戏就是父母通过电话机，与孩子展开对话。这种通话，虽然双方可以互相看到对方，而且距离很近，却让孩子觉得比一般日常对话更有意思。可以是妈妈待在客厅，让孩子走到阳台接电话。这种游戏，可以让孩子在听到电话铃声后，跑过去说“喂”。这也是对孩子社会性的一种培养。

孩子交朋友的四个阶段

第一阶段：与妈妈建立亲密关系 孩子往往是通过父母对外界和他人做出最初判断的。如果孩子能够信任爸爸妈妈，他（她）就会相信，所接触到的世界是美好的，所遇到的人都是善良的。但是，如果情况相反，孩子就会对外界产生负面的看法。因此，作为父母，应该给予孩子足够的关爱，并获得孩子的充分信任，以消除孩子的不安和恐惧情绪。

第二阶段：和妈妈一起玩 孩子与父母建立了亲密关系以后，如果妈妈这个亲密对象从眼前消失，孩子就会非常紧张。就算妈妈只是到厨房拿牛奶，孩子也会又哭又闹。如果能够让孩子知道“妈妈是永远不会消失的”，孩子就可以独自玩一会儿了。这时候，妈妈要守在孩子身旁，当孩子遇到困难的时候，要立刻给予帮助。如果孩子已经完全熟悉了某个游戏，最好再给他（她）一个难度更高的玩具。

第三阶段：邀请朋友来家里做客 要让孩子慢慢学习一个人玩。这时候，可以邀请一些朋友到家里来，让孩子直接接触到陌生人。客人可以是同龄的小朋友、邻居或亲戚。开始的时候，孩子可能不愿意接近陌生人或不肯离开妈妈。但是，如果经常创造这样的机会，孩子就会慢慢习惯接触陌生人。然后在“妈妈就在旁边，可以放心”的状态下，逐渐学会与陌生人相处。

第四阶段：去其他孩子家里玩 现在，要让孩子练习去适应陌生的环境，并在陌生的环境里和小朋友一起玩。开始的时候，妈妈要一同前往，观察孩子玩得好不好。经常重复这个过程，孩子就会越来越自信，也会越来越专注于和其他孩子的游戏。经过这样的练习以后，孩子到一个陌生的环境，就能够很快适应环境，而不会感到慌张和害怕。

17 不喜欢去亲子班

3岁的孩子如果不喜欢去亲子班或幼儿园，不一定是觉得那样的地方不好玩，更大的可能是由于父母的保护过度，或孩子过度依赖父母，孩子缺乏社会性和独立性，无法离开父母。因此，父母可以采取“阶段性”的方法，帮助孩子逐步离开自己。

选择适当的时机 在决定带孩子去亲子班的时候，不必顾虑孩子的年龄，而更多的是考虑他（她）的情绪。先带孩子去一些除了家以外相对熟悉的地方，比如亲戚家或者朋友家，逐渐让孩子熟悉陌生的环境，然后逐渐增加去这些地方的时间。

妈妈一起同行 孩子去亲子班或者幼儿园的时候，一定要由妈妈带着一起去。并且，妈妈要和孩子一起上课。然后，从教室到门，从门到走廊，逐渐拉开妈妈和孩子的距离。当孩子感到不安的时候，可以把妈妈的手提包或其他东西交给孩子拿着，以稳定他（她）的情绪。

帮孩子想起美好的回忆 孩子从亲子班回来以后，父母可以提起在亲子班发生的一些有趣的事，帮助孩子勾起那些美好的回忆。

不好的做法 孩子3岁以后，不要费尽心思强迫他（她）去亲子班。这种行为只会让孩子对去亲子班更加抵触。首先要做的是，仔细观察孩子是否已经做好了与小朋友相处的准备。

Tips 得到小朋友的帮助

妈妈李淑熙在家的时候已经和成民约好，到了亲子班，成民要好好玩，好好上课。可是，一到亲子班，成民就一直拉着妈妈的手不肯松开。连续去了几天，情况没有任何好转。妈妈几乎已经想要放弃让成民去亲子班了。但是，后来妈妈发现邻居家的小姑娘也在这里上亲子班，于是就拜托她帮帮成民。小姑娘名叫秀贤，非常聪明。从那以后，秀贤每次都会拉着成民的手，带他到处玩。成民也慢慢放松下来，越来越适应亲子班的环境了。现在，成民经常用稚嫩的嗓音说，“秀贤比妈妈好”。

因为病痛放弃学业，却在绘画中发现希望——莫迪里阿尼

很多人都觉得，现在的孩子越来越娇气和懦弱了。他们遇到一点点困难就会放弃努力，稍稍辛苦一些就不打算继续做下去。在这种情况下，应该怎么做呢？是让他们放弃？还是给他们力量和勇气，帮助他们克服困难呢？

阿米地奥·莫迪里阿尼是一位对当代美术界有着深远影响的画家。他从小体弱多病，因为身体关系，甚至连学校都去不了。莫迪里阿尼的妈妈悉心照顾自己的儿子，使恢复了健康的莫迪里阿尼又回到了学校。可是没想到，不久莫迪里阿尼又患上了伤寒。这让他身心疲惫，几乎失去了生活的希望。这时候，妈妈却没有放弃，不断地给儿子打气，“这个世界上，没有人是从来不生病的，如果连病魔都战胜不了，那你就什么也做不了。不要绝望，拿出勇气来！”

可后来，肺结核又找上门来，莫迪里阿尼的妈妈依然没有放弃自己的孩子。为了让孩子鼓起生活的勇气，妈妈开始让莫迪里阿尼学习绘画。通过学画，莫迪里阿尼终于又看到了人生的希望，妈妈也欣喜地发现了莫迪里阿尼身上的绘画才能。于是，妈妈没有让莫迪里阿尼继续上学，而是让他专心学画。莫迪里阿尼也暂时忘记了病痛的折磨，找到了一个属于自己的世界。

因为妈妈的努力，曾经被认为是个病秧子的孩子，没有放弃人生的希望，并最终成为世界知名的画家。在未来的人生道路上，孩子将会经历各种各样的困难，作为父母，必须教会孩子如何去面对，并且战胜这些困难。

译注：阿米地奥·莫迪里阿尼（1884—1920），意大利杰出的绘画大师，享誉世界的艺术天才。莫迪里阿尼在继承与发扬传统艺术的基础上，吸收现代流派中的精华，创造了自己独特的艺术风格，与众不同的变形手法成为他独特的风格样式。

Part 03

让孩子健康茁壮地成长

必须重视孩子的 健康

18

健康的身体，健康的心灵

仿佛就在前几天，还要小心翼翼迈出脚步的那个小宝宝，如今已经长成了一个一刻都闲不下来的大孩子。给他（她）买的第一双鞋子已经变小，要买新鞋子了。过了两岁以后，那种孩子的稚嫩样子消失了，宝宝已经开始显露出一副小男生、小女生的模样了。

孩子长大，意味着妈妈要付出更多的心血。妈妈要不停地跟在孩子身后跑，还要不停地跟他（她）说这说那。可是，只要孩子能够健康长大，妈妈的辛苦又算得了什么呢？曾经也担心过，自己的孩子似乎翻身比别的孩子晚，走路比别的孩子晚，长牙比别的孩子晚……但那些都已经成了过去。如今，虽然妈妈更加辛苦，但看着孩子在房间里欢快地跑来跑去，身体发育一切正常，就感到无比幸福。

与同龄的孩子相比，自己的孩子无论是发育得快一些，还是慢一些，妈妈都不必过分焦虑。不是有人说吗，人生就是一场马拉松，现在孩子才刚刚站到起跑线上，就算现在有点落后，只要奋起直追，照样可以很出色。父母与其对孩子现在的状态患得患失，还不如通过努力，帮助孩子发挥出最大的潜能。而要想让孩子成为最终的胜利者，最重要的前提就是让孩子健康地长大。这，也是所有妈妈的首要任务。

ECHO

19 25～36个月孩子的身体特征

进入25个月以后，孩子会越来越健壮，并且逐渐能够掌握平衡了。原来总是挺着的小肚子缩了回去，脸上的婴儿肥没了踪影，身材变得匀称，模样逐渐接近成人。孩子发育正常的话，这个阶段的体重应该是12～13千克，身高应该是87～88厘米，20颗乳牙应该全部出齐了。到30个月的时候，孩子的骨骼更加结实，体重达到了出生时的4倍（25个月和36个月孩子的正常发育情况详见表3.1、表3.2）。孩子开始用脚尖走路，慢慢就可以自由行走了，也会跟着音乐的节奏跳舞，还可以很好地掌握整体平衡。这时候，孩子奔跑的速度已经可以追上滚动的球。发育快的孩子，已经可以单腿站立，并且会骑儿童三轮车了。

像爸爸妈妈那样走路 走路的时候，可以有节奏地挥动手臂，走路更加自然了。已经可以像成人那样，走路的时候脚尖先接触地面，甚至可以用脚尖走几步。上下台阶的时候，只要领着他（她）的一只手就可以了。36个月的时候，就可以在没有任何帮助的情况下，独自上下台阶了。

现在会跳了 可以双脚并齐向前跳，也可以从高处跳下来，不会摔倒，甚至还可以单腿跳了。这时候，可以模仿大人做一两节韵律操，也可以拉着有轮子的玩具到处跑，还可以用婴儿车推小朋友了。

会玩球了 可以向前扔球，或是单手拿球。如果有人把球扔过来，会伸出手臂接。到3岁的时候，已经可以把球踢出很远了。会骑儿童三轮车，而且具备了一定的应变能力。如果遇到障碍，知道绕过去。

可以自由活动手指了 会攥拳、会活动拇指、会拧开瓶盖，也会把橡皮泥捏成各种形状。开始玩折纸，可以把一张纸沿对角线对折。也可以熟练地把棍子插在窟窿里或拿出放在容器里的小物件。

会用蜡笔了 会模仿着画出闪电或十字的形态。用蜡笔画画的时候，会改变方向。如果妈妈让他（她）画一个圆圈，他（她）就可以画出来。可以伸出手臂，在画板上画出线、点、圆的形态以及一些大致可以看懂的简单图形。

积木玩得很好 可以用7块积木搭起一个高楼，会模仿其他人搭建的模型。可以用3块积木搭金字塔，也可以在30秒内按照大小顺序排列4块积木。

不停地动 会一边调节速度一边跳，做的动作越来越多。很多孩子出现了食欲下降的情况，这让爸爸妈妈有些担心。

表3.1 25个月孩子的发育表

	体重（千克）	身高（厘米）	头围（厘米）	胸围（厘米）
男孩	12.56	87.9	48.4	49.6
女孩	12.01	86.9	47.4	48.3

表3.2 36个月孩子的发育表

	体重（千克）	身高（厘米）	头围（厘米）	胸围（厘米）
男孩	14.37	94.6	49.3	51.3
男孩*	15.31	98.9	49.8	51.5
女孩	13.63	92.9	48.5	50.0
女孩*	14.80	97.6	48.8	50.5

注：*数据为“中国九市城区7岁以下儿童体格发育测量值（2005年）”，供参考。

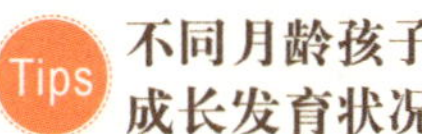

不同月龄孩子的成长发育状况

25个月

1 可以自己脱简单的衣服。

2 可以搭起4块积木。

3 可以说出2～3个词组成的句子（如：我要喝水）。

4 可以完成简单的指令。

5 可以指出身体部位（如：眼睛、鼻子、嘴）。

6 可以向前踢球。

7 可以扶着栏杆上下台阶。

36个月

1 会对好朋友表现亲热。

2 离开父母不会哭闹。

3 喜欢玩过家家（角色扮演游戏）。

4 可以搭起8块积木。

5 可以转动着打开或盖上瓶盖。

6 可以说出几种动物的名字。

7 可以完成包含两个内容的指令。

8 跑得很好。

25～36个月是孩子发育最活跃的时期，这个时候的孩子需要大量的营养。对于这个时期的孩子来说，通过正常的饮食来充分摄取所需要营养是非常重要的。妈妈在做每一顿饭的时候，都应该考虑到营养的搭配。每顿饭至少应该包括蛋白质、谷类、蔬菜。虽然一顿饭不可能做到营养足够全面，但是如果以一天或一周为单位的话，就可以实现营养均衡了。在这个阶段，孩子摄取的营养是否均衡要比孩子的食量大小更重要。

20 吃得好，才能长得健壮

这个时期的孩子，只通过一日三餐是无法充分摄取到身体所需营养的。因此，孩子需要一天吃四顿饭以上。点心也算做一顿饭，上下午各一次或者至少下午要加一次。在一天所摄取的热量中，点心所占的比例最好保持在10%～20%，不要妨碍到正餐。不过，如果孩子连三顿饭都不肯好好吃，此时再加吃点心，孩子可能对正餐会更加不在意，所以妈妈要特别注意。对于这样的孩子，首先要做的是让他（她）好好吃三顿饭。为了要解决这个问题，可以暂时不加点心。

孩子吃饭时应注意的事

1 这个时期的孩子，食物在胃里消化需要三四个小时。因此，孩子用餐间隔可以是4个小时左右。吃饭不仅可以给孩子提供丰富的营养，而且也可以为孩子确定正常的生活节奏。

2 在幼儿食品结束期，孩子一顿饭的量大约是2/3碗（成人饭碗）左右。

3 孩子每天盐的摄取量应该限制在5克以下。酱油、大酱的量大约是成人用量的1/2，妈妈感觉口味比较淡就可以了。甜味可以调节到与水果的甜度差不多即可。

4 市面上出售的冷冻食品、方便食品、快餐食品等，都含有大量的盐分，所以最好不要给孩子吃。

5 在烹制孩子的食物时，要注意原汁原味，尽量少用调味料，这样可以更好地突出食物本身的味道。而且，过多地使用调味料烹饪产生的影响会一直延续到孩子成年后。

6 不要给孩子喝碳酸饮料。这类饮料中含有一种名叫磷酸的物质，它会让钙质随小便排出，从而导致孩子的骨骼变脆。另外，碳酸饮料中的着色剂会妨碍到生长激素的分泌，从而影响孩子的身高。

怎样吃点心才正确

1 种类尽量丰富，不要单一。

2 要根据当天的菜单选择点心，这样点心可以起到营养补充的作用。如果当天蛋白质摄入比较少，可以选择奶酪、煮鸡蛋、小鱼等作为点心；如果当天蔬菜比较少，可以增加沙拉、水果等来补充营养。

3 选择孩子喜欢的食物作点心，比如水果、玉米、红薯、土豆等，这样可以让孩子吃得更开心。

4 不要让孩子吃含有大量有机酸的水果，过度摄取有机酸和糖分，会妨碍到钙的吸收和生长激素的分泌。

Tips 必须纠正偏食的习惯

如果孩子不喜欢某种食物，甚至一口都不肯吃，可以考虑改变一下烹调方法。比如孩子不喜欢吃鱼，可以利用煎炸等方法去掉鱼腥味。蔬菜的话，可以切碎，然后与孩子喜欢的其他食材混合在一起，或做成小肉丸的样子，来吸引孩子的视线。如果孩子不喜欢吃肉，可以把肉切得碎一些，这样方便咀嚼；加一些番茄汁或生抽，这样可以去除肉的腥味。在孩子感到饿的时候，可以给他（她）那些平时不爱吃的食物。也可以邀请其他小朋友一起吃东西。其实，最重要的是，家里不要有偏食的人。这样，孩子自然而然地就会改掉偏食的习惯。

金英勋（韩国议政府天主教大学医学院附属圣母医院副院长）

21 在家里进行的民间疗法

作为妈妈，首要的任务是保证子女的健康。对于孩子的一些小病症，其实可以不必大张旗鼓地跑去医院，一些民间疗法也可以解决这些问题。不过，一般要在满周岁以后才能对孩子使用民间疗法，因为民间疗法中使用的很多材料会对孩子产生刺激性的副作用。即使是在孩子2岁以后，也还是要适当降低民间疗法的“药物”浓度，以保证安全。如果使用民间疗法后，发现孩子病情没有缓解，甚至有所加重，一定要尽快带孩子去医院。

应对不同症状的民间疗法

腹泻 可以先让孩子喝大麦茶。3～5天以后，如果孩子仍然持续腹泻的话，可以把柿饼和大枣一起煮水给孩子喝。一般选用5颗大枣和2个柿饼，加入2杯清水，沸水煮一个小时左右就可以了。孩子出现腹泻的时候，分几次饮用这种水，会有一定效果。还可以用炒过的糯米制作成米糊代替牛奶，喂给孩子喝。

发热、呕吐 准备1根大葱，1块生姜，4颗大枣以及少量蜂蜜。把切好的生姜、大枣、大葱放进锅里，再加入两咖啡杯的水。当水煮到剩一半的时候，过滤，再在水中加入蜂蜜就可以饮用了。

轻度感冒 如果孩子出现干咳，可以在蜂蜜里加一些姜汁喂给孩子。慢性咳嗽可以让孩子服用梅子汁。把豆芽或姜糖用铁质容器盛着放在保温锅里，让孩子喝姜糖融化后的水，可以帮助孩子发汗，缓解感冒症状。有痰或支气管发炎

Tips 口腔溃疡的民间疗法

孩子患了口腔溃疡，可以吃一些干西瓜皮，或喝决明子茶。可以把一口决明子茶含在嘴里，停留3～4分钟以后吐掉，重复2～3回，每天3～4次，会有很好的效果。如果鼻子不通气，可以把桃树叶捣碎，用纱布裹好，塞在鼻孔里，很快就会见效。把没有施农药的桃树叶放进热水里沐浴，可以很好地预防汗多和湿疹。

的时候，可以在蜂蜜中放入干桔梗给孩子喝，或让孩子喝梨水，这些方法效果不错。

出冷汗 黄芪糯米粥可以补充元气，增加食欲，对体弱的孩子效果最好。将2勺糯米煮开后，加入6克黄芪，2颗大枣，煮成粥。每天3次，坚持服用2～3天，就会见到成效。

在家里可以经常煮着喝的中药茶

山茱萸茶 可以增加食欲，健胃整肠。特别是对偏食严重的孩子，山茱萸茶会有明显的疗效。在10克山茱萸中加入3颗大枣、5克生姜，加水煮沸后饮用。山茱萸茶不仅可以增强孩子的食欲，还对经常出汗和感冒时出现的扁桃腺肿大有预防作用。

决明子茶 这种茶有促进胃肠蠕动，润肠通便的作用。可以把经过略炒后的决明子与大麦一起煮，当水给孩子喝。

木瓜茶 对燥热咳嗽、干咳无痰有一定疗效。木瓜还含有丰富的蛋白质、脂肪、维生素C等，能够增强身体免疫力，预防感冒。在家里，可以经常给孩子喝一些木瓜茶，但不要太甜。

22

该给孩子吃补药吗

灿宇（26个月）的妈妈金智英最近非常苦恼。几天前，婆婆送来了一些补药给孩子吃。其实，婆婆也不清楚那些补药中都用了哪些药材，就无条件地说，“反正是很好的补品，让孩子吃吧。”可金智英却很为难，不知道到底该不该让孩子吃。

韩国束草涵小儿中医院的申东吉院长认为，在没有处方的情况下，最好不要随便给孩子吃不明出处的补药。正确的方式，应该是先检查孩子的健康状态，然后再根据医生的建议给孩子选择补药。无条件地认为“只要是补药就是好的”，显然是很不理智的。孩子的免疫力比成人弱，来自母体的免疫力在孩子6个月以后就全部消失了，而成熟的免疫系统要到青春期才能够完全形成。为了增强孩子的免疫力，给孩子吃补药前需要经过正确的诊断。

通常来说，最好在孩子满周岁以后，消化能力比较好的时候再给他（她）吃补药。春秋两季是最适合进补的季节。中医认为，春天是万物生发的季节，也是孩子成长的时期，而秋天，是孩子储备营养，增加体重的时期，这两个季节最适合促进孩子的生长发育。但是，无论在哪个季节进补，最重要的是根据孩子的体质和身体状态来选择适当的进补方式。

Tips 积食的时候，不要吃补药

出现发高烧、腹泻等状态不好、积食、支气管发炎等病症的时候，都不要再给孩子吃补药。患有鼻炎或鼻窦炎的时候，也要在症状缓解以后再给孩子进补。一般来说，预防接种期间也不能吃补药，要等到接种两天以后。如果孩子食欲很好，身体也很健康，就不需要进补。如果孩子很小的时候就吃很多补药，反而会降低身体的自我生长以及调节能力。

申东吉（韩国束草涵小儿中医院院长）

当孩子患病的时候，首先要从治疗疾病出发，尽可能减少进补的副作用。比如孩子的消化功能较弱，经常出现腹痛和腹泻，就要先恢复孩子的消化功能，然后再促进消化吸收。换句话说，补药在孩子健康的时候服用才最有效。

孩子需吃补药吗

□经常出现积食或消化不良。

□身体僵硬、四肢无力。

□没有胃口，偏食严重。

□经常感冒，而且感冒不易好。

□经常流鼻血，而且经常鼻塞。

□不发热但经常咳嗽，甚至一吃冷食就咳嗽。

□胆小，容易受到惊吓。

□经常做梦、说梦话，还会发出各种声音。

□神经质。

□经常摔倒，四肢容易扭伤。

□肌肤摸上去很软，感觉不结实。

□小便频繁，而且排便不太顺畅。

□小便颜色混浊。

□看上去没有精神，不爱动。

□睡觉的时候出汗多。

如果符合以上条目中的7条以上，孩子则需要通过进补来增强体质。

23 护理牙齿，从现在开始

“孩子几乎没怎么吃过糖果、巧克力这些甜食，可还是出现了龋齿。孩子特别害怕去看牙医，我想乳牙反正是要换掉的，等恒牙出来以后再好好保护牙齿也不迟。所以就一直没有带孩子去医院。”

很多妈妈可能都抱有这样的想法，反正孩子还要换牙，乳牙出现问题也没关系。但是，如果乳牙存在问题，是会直接影响到以后的恒牙的。乳牙的作用是为恒牙生长做准备，如果乳牙出现了龋齿，而且没有进行治疗，很可能会造成以后恒牙排列不整齐。

无论刚生长出来的牙齿多么漂亮，如果不好好护理，细菌很快就会侵入牙齿，引起龋齿。口腔里有一种名叫变形

Tips 调整牙膏的用量

刷牙时如果牙膏用量过多，孩子会把牙膏吞下去，或不容易将牙膏漱干净，引发其他问题。给孩子挤牙膏的时候，大约一个黄豆粒大小的量就可以了。把牙膏垂直放在牙刷上，让牙膏均匀布满刷毛。这样，牙膏才会在牙齿上均匀散开，而不至于凝成一个团掉出来。

链球菌的细菌，它接触到附着在牙齿上的食物残渣，就会造成龋斑。细菌在分解糖分的同时，排出酸性物质，引发龋齿。龋齿如果没有及时治疗，除了会让牙齿变色，还会对牙床产生不良影响。

对牙齿好的食物　蔬菜和水果中含有的纤维素可以起到清洁牙齿表面的作用，而且效果与用牙刷刷牙差不多。

对牙齿不好的食物　除了含有大量糖分的焦糖、砂糖、巧克力外，含有碳水化合物的快餐食品也会引发龋齿，是伤害孩子牙齿的元凶。含有糖分的碳酸饮料也会腐蚀牙齿。

清洁牙齿的方法

选择适合的牙刷与牙膏　选择牙刷，刷毛的软硬要适中，刷头部分不能太大，大约是两颗牙齿大小比较合适。这样，牙刷才能刷到牙齿的每个角落，把所有牙齿都清洁干净。牙膏方面，选择儿童专用牙膏就可以了。

父母要帮孩子再刷一次　当孩子哭闹着要求自己刷牙的时候，不妨就先让他（她）自己刷，然后，妈妈帮孩子再刷一次，特别是里面的磨牙，一定要仔细刷。在孩子开始出磨牙，也就是16个月以后，每隔6个月就要做一次牙齿检查。这样可以及时发现问题，并采取适当的措施。

牙床出血的时候，更要仔细清洁　为孩子清洁牙齿，有时会出现牙床出血的情况。所以，在给孩子刷牙的时候，动作要轻柔一些。如果孩子有牙床出血的情况，更要把牙齿的各个缝隙都刷干净，以便于牙齿疾病的治疗。

刷牙的时候应该上下刷　刷牙的时候，应该上下刷。特别是磨牙上用于咀嚼食物的沟槽部分，要仔细刷干净。坚持每天刷牙固然很重要，但更要注意刷牙的质量，每次刷牙都不能马虎，特别是睡觉之前，一定要把牙齿刷干净。

3岁是最容易留下伤疤的年纪

现在，医院接收的发生安全事故的孩子越来越多了。其实，只要父母稍加注意，孩子的很多事故都是可以避免和预防的。由于很多事情都发生在转瞬之间，一旦发生后悔也来不及。所以，请马上对家里的环境做一个详细的检查，消除所有安全隐患。

24

这个时期的孩子，直觉和反应能力都比较弱，如果面前突然出现障碍物，很容易发生事故。而且，3岁正是最执拗的时候，无论对错，孩子总是要坚持自己的想法。这也增加了安全事故的发生率。即便是在貌似安全的家里，也处处隐藏着危险。另外，孩子在公园里或者外出的时候，也可能遭遇各种事故。

容易发生在房间里的事故

床 有时孩子会爬到床上，或本来在床上，突然失去重心，掉到地上。运气不好的话，甚至会引起脑损伤。因为孩子掉下来的时候，可能会碰到床角或其他家具的角，所以最好不要在床周围放置有棱角的家具。还要注意关上窗户，以免孩子会踩着床头爬到窗台或家具上，不小心掉到外面去。

针线筐 对孩子来说，针线筐里的针、夹子、剪子等都是非常危险的东西。一定要把针线筐放到高处或孩子看不到的地方，以保证安全。

领带或长带子 预防危险最好的方法就是，把领带卷起来放进抽屉，房间里不要放置长带子。

家具角　家具或书桌的角都很锋利，最好在家具的每个棱角上都粘贴防护角，以防止孩子撞到棱角后受伤。重要的书籍、资料最好放在抽屉里。

电线　最好把长长的电线卷起来，放到抽屉后边。不要让孩子在插座旁边玩耍。

容易发生在厨房里的事故

桌布　孩子看到垂下来的东西，会想要去拉扯它，所以，桌布是非常危险的。如果桌子上正好放着点着的锅，这时候孩子拉扯桌布，就可能引起火灾。因此，当孩子的身高达到一定程度以后，最好不要铺桌布。

电饭锅　有统计显示，孩子的烧烫伤大部分都是由电饭锅引起的。因为正在煮饭的锅散发出的蒸气是非常危险的，所以最好把电饭锅放在高处，不要让孩子碰到。

橱柜　如果家里有孩子，绝对不能在橱柜的刀架上放置刀具。因为橱柜是孩子很容易接触到并打开的地方。橱柜的边角要安装保护角。不用的时候，要把橱柜的柜门关好，最好能锁上，不让孩子打开。

平底锅　当把长把平底锅放在炉灶上的时候，一定要将锅的把手朝里。把锅放在桌子上的时候，不要让把手冲着孩子。不要把热水壶或热锅放在厨房的地板上，因为孩子从旁边走过的时候可能会踢到它们，或出于好奇打开来看。这样，孩子很容易被烫伤。

电冰箱　孩子对电冰箱里的东西一般会非常好奇，甚至可能会打开冰箱门，一直向里面看。这时候，万一有些比较重的罐子或饮料瓶掉下来，就引起大麻烦了。另外，冷冻室里的食物都冻得硬邦邦的，如果孩子用舌头或手触摸这些东西，舌头或手可能会被粘住。

Tips 提前加以预防

孩子对他（她）们看到或接触到的所有东西都充满了好奇，想要去摸一摸、尝一尝。可是，孩子对自己的行为缺乏足够的认识，一不小心，就会引发事故。据说，韩国因为儿童安全事故而出动警力的次数每年都在增加。发生在家里的儿童安全事故是最多的。现在，双职工父母越来越多，很多孩子经常一个人在家，这是儿童安全事故增加的一个原因。所以，爸爸妈妈平时要多给孩子进行一些安全方面的教育，以防止发生恶性事故。

外出时容易发生的事故

电梯 有的人为了电梯一开门能立刻出去，会站在紧靠电梯门的地方，这很容易出现事故。如果带孩子一起外出，乘电梯时一定不要着急，站在电梯靠里边是最安全的。还要特别注意不要让电梯门夹到孩子的手。

汽车 汽车车门上都有安全锁，让孩子不能在里面随意开门。汽车窗户也一定要关好，因为孩子把身体的任何部位伸出窗外都是非常危险的。

容易发生在浴室里的事故

孩子在浴室里可以玩水、玩泡泡，所以，几乎所有的孩子都喜欢待在浴室里。但是，孩子在浴室里很容易滑倒，从浴缸出来的时候也很容易摔伤，所以，浴室也是一个比较危险的地方。

地板 浴室的地板一定要铺上防滑垫。

浴缸 浴缸里有水的时候，万一孩子不小心掉进浴缸里，可就会出大事。所以，不洗澡的时候，一定要把浴缸里的水放掉。

洗澡用品 要把洗发水和其他洗涤剂放在孩子碰不到的地方。孩子万一拿到这些洗涤用品，很可能会弄到眼睛里，或吞下去。这很危险。

水龙头 当孩子要求自己洗脸的时候，妈妈一定要帮他（她）开水龙头。如果孩子不小心，直接放热水出来，很容易引起烫伤。

马桶 孩子能够控制大小便以后，往往会想自己坐在马桶上，但这就难免会出现从马桶上掉下来的事故。因此，最好让孩子使用儿童坐便器。马桶盖一定要盖好，以免孩子把手伸进马桶里玩水。

容易发生在客厅里的事故

电源插座 孩子有时会把铁筷子插进电源插座里，这是非常危险的。为了防止发生这种事情，要给电源插座配置保护套，并且不要让孩子拿铁筷子玩耍。

家用电器 不要让孩子把手指伸进DVD或音响的碟片出入口，防止孩子的手被夹到。

电视机 孩子可能会爬到电视机上，或伸手去抓画面而不小心把电视机推倒，砸到自己。因此，电视机最好靠墙放置。

花盆或花瓶　孩子玩耍的时候，可能会碰倒花盆或花瓶，被花盆或花瓶的碎片扎伤。所以买花盆或花瓶时最好选择那些体积较大，不容易被碰倒的产品。

容易发生在公园里的事故

孩子在公园里玩耍时，妈妈的眼睛一刻也不能离开他（她）。最好提前告诉孩子一些设施的玩法，在孩子完全熟悉设施的玩法之前，妈妈一定要站在旁边，随时保护他（她）。

把头发扎起来　一定要帮女孩把头发扎起来。孩子的长发被风吹起，万一缠到娱乐器械上，疼痛是小事，一不小心会引起大事故，所以一定要特别注意。

滑梯　经常发生孩子爬到滑梯的顶上摔下来，或孩子在滑梯上逆着向上爬，与从上面滑下来的孩子撞到的事故。如果滑梯是铁质的，还可能会出现孩子撞到锋利的棱角受伤的事故。所以，在孩子开始玩滑梯之前，妈妈一定要检查好滑梯本身有没有问题。

秋千　荡秋千不小心松手的话，孩子就会掉下来摔伤。因为孩子并不知道荡秋千时不能松手，所以在玩之前，妈妈一定要把注意事项告诉孩子。有时，孩子坐得太靠后，也会因为失去重心而向后面倒过去，所以，孩子荡秋千时，妈妈要帮助孩子坐好、坐稳。

25 妈妈应该掌握的简单急救方法

孩子会跑会跳以后，受伤的机会也就越来越多。孩子玩耍时总是全情投入的，难免摔倒，或磕碰到哪里。作为妈妈，掌握一些应急处理方法是很有必要的。

25～36个月的孩子，已经可以自由行动了。这个时期的孩子对所有的东西都充满好奇，什么都想尝试一下。这样一来，孩子发生安全事故就在所难免了。这些事故往往是在妈妈没有任何准备的情况下发生的。遇到这类突发状况，最重要的就是保持头脑冷静。当然，如果妈妈能采取有效的应急措施，孩子的救治效果会比较好。

皮肤被挠破或划破时

当孩子的皮肤被挠破或划破，导致出血的时候，妈妈一定不要慌张。妈妈的冷静会让孩子镇定下来。首先要止血，并防止发生感染。最好的止血方法就是按住出血部位，可以把几层干净的纱布盖在伤口上，然后使劲按压，这样可以减少出血。接下来是消毒，缠上绷带。绷带不要缠得太紧，否则会影响到血液循环。

必须这样做

1 如果采取应急措施之后仍然出血，要尽快带孩子去医院。

2 使用药店出售的白色粉末状止血剂后，伤口会留下疤，或不容易缝合，所以最好不要使用这类药。

3 为了防止感染，可以用流水冲洗伤口，时间在5分钟以上。是否使用抗生素或药膏都须根据细菌感染的情况来决定，而先把伤口处理干净是一种较好的方法。

Tips 当孩子出现热性惊厥时

所谓热性惊厥，就是在高烧的同时伴有惊厥，多发于3～48个月的幼儿。如果孩子出现这种情况，妈妈要解开孩子的衣服，把孩子的头侧向一边，以防止气管被堵住，并严格记录惊厥发生的时间。惊厥完全停止以后，要马上给孩子补充水分，并带他（她）去医院。如果孩子发生惊厥超过10分钟或状况紧急的话，最好立刻带孩子去医院，以减少孩子的痛苦。这时候，最重要的是要找到惊厥的原因。当惊厥停止以后，父母也不能大意，还要带孩子尽快去医院接受治疗。

金英勋（韩国议政府天主教大学医学院附属圣母医院副院长）

扭伤时

遇到这种情况，最重要的是消肿和缓解疼痛。消肿和缓解疼痛最有效的方法是在受伤的部位用冰袋敷20～30分钟。但是，必须注意不要引起冻伤。如果受伤部位在腿上，可以让孩子躺在地板上，在腿下垫一个高30厘米左右的枕头。这要比坐在椅子上，然后把腿放到桌子上的效果好。

必须这样做

1 不做X线检查，很难准确判断出是扭伤、骨折，还是关节错位，任何根据主观判断做出的处理都是危险的，必须要去医院接受正规的治疗。

2 作为应急措施，最重要的就是固定受伤部位和消肿。暂时不要活动受伤部位，并且受伤部位不要承担身体重量。可以用压迫绷带或毛巾把受伤部位包起来，使它不能活动。

3 可以用报纸或木棍做成临时夹板，绑在受伤部位上，然后再缠上压迫绷带。这样可以获得最好的固定效果。用带子缠关节，可能会使伤口更肿胀，所以不能勒得太紧，必须留一些空隙。而且，最少坚持一天的时间，受伤关节不能活动。

烫伤时

婴幼儿发生烫伤时，烫伤源大多是热水、热油或蒸气。发生烫伤以后，最重要的就是用流动的冷水对烫伤部位冲洗20～30分钟，使烫伤部位快速降温，有缓解疼痛的作用，还可以防止伤口从Ⅰ度烫伤转为Ⅱ度烫伤。

必须这样做

1 如果烫伤部位比较大或出现水疱、皮肤溃烂等情况，而且水疱与妈妈的指甲或硬币大小相当，不要耽搁，必须马上带孩子去医院。

不同的症状要去不同的科室就诊

当夜里发生了紧急状况的时候，通常都会去综合医院。当孩子出现发热、呕吐、腹泻或痉挛的时候，应该去看小儿内科。鼻子、嘴、脖子都是相互关联的，所以如果孩子的这些部位受伤或疼痛，要去耳鼻喉科。如果孩子玩耍的时候伤到骨头或扭伤脚踝，要去小儿外科。孩子学会独立行走以后，尤其是到了3岁左右，光顾外科的机会就会逐渐增多了。除了这些情况，如果孩子出现小便不顺畅，或小便时疼痛，要看小儿泌尿科。不过，如果不是紧急情况，不必一定去综合医院。一些小问题，家附近的儿科诊所就可以解决了。当然，如果怀疑情况严重的话，最好是去较大的医院。

2 当热汤或热水洒到衣服上，皮肤会与衣服粘在一起。如果马上脱衣服，会引起更大伤害。所以要穿着衣服，往身上洒水或在浴缸里放满水，把全身浸泡在里面。

3 孩子出现烫伤，有些人会采用一些民间疗法，例如涂抹黄瓜汁或大酱。但是，这样做可能会让伤口感染，而且令医生难以治疗，所以绝对要避免。

眼睛出现异常时

孩子在玩耍的时候，会有异物进到孩子的眼睛里，或锋利的东西碰到眼睛的情况。当眼睛受到物理性冲击以后，可以对眼睛冷敷30分钟，消除充血。如果出现看东西重影或晃动，可能是眼球受到了损伤，必须带孩子去医院检查。

必须这样做

1 化学物质进入眼睛，首先要用水冲洗眼睛。如果不冲洗眼睛而直接去医院，反而可能错过最有效的治疗时机。冲洗方法是让孩子把头放在冷水下方，睁开眼睛，让水通过孩子的眼睛向下流，最少持续15分钟。这时候，水有可能会流到没有受伤的眼睛里，导致原来没受伤的眼睛也受到伤害，因此要让受伤的眼睛在下侧。然后，用眼罩或一块干净的手帕盖在孩子眼睛上，并用胶布固定好眼罩或手帕，再尽快前往医院。

2 有异物进入眼睛以后，如果眨眼睛，可能会损伤到眼角膜。所以，告诉孩子一定不要眨眼睛。当有异物碰到眼球，或被锋利的东西伤到，也不要强行把异物取出来，可以让孩子先闭上眼睛，再用眼罩或干净的毛巾盖在眼皮上，带孩子尽快去医院。

26 当怀疑发生骨折及误食异物时

当怀疑发生骨折时

如果孩子痛得大叫，或受伤部位红肿，呈现出青紫色，则可以判断孩子发生了骨折。如果真的是发生了骨折，治疗时间非常漫长。一旦伤害到生长骺板，还会引起生长障碍，所以须要特别注意。

夹板固定，然后去医院 当怀疑孩子发生骨折的时候，可以采用与扭伤相同的处理方法，即用夹板固定受伤部位，然后尽快送往医院。这时候如果自行进行其他处理，很有可能会伤害到神经或血管。因此，应该先给孩子固定受伤部位，再送医院。

保持冷静，找到做夹板的材料 筷子、木棍、尺子等，都是容易找到的，这些都是可以制作夹板的材料。如果孩子的一侧手臂突然变长，而且无法抓住东西，可能是发生了脱臼。这时候，不要活动孩子的手臂，要赶快带孩子去医院。

当孩子误食异物时

唇膏和化妆品 要马上冲洗孩子的口腔，并注意观察孩子的状态。如果吞下的是唇膏，只要块状物没有卡在食道里，就可以不必管他（她），随时观察即可。但是，如果吞下的块状物堵在了咽喉处，就要抓住孩子的腰，把身体倒过来头向下，然后拍打孩子的后背，帮助孩子把东西吐出来。

花生和豆子 如果异物比较小，可以完全通过食道，然后通过大便排出来。但是，如果异物进入了气管，咳不出来的话，就要立刻送往医院。

肥皂和洗衣粉 先要让孩子吐。如果这类异物进入气管，会引起呼吸困难或吸入性肺炎。可以让孩子喝一些牛奶或水，能起到一定的稀释作用。

Tips 什么是生长骺板

生长骺板在孩子生长过程中非常重要。生长骺板是胳膊肘、手腕、膝盖、脚趾、脚踝、脊椎、肩膀等部位骨骼上的软骨组织。生长骺板可以引起细胞分裂，让个子长得更高。生长停止以后，生长骺板则闭合。

27 孩子感冒了

25～36个月的孩子，还不具备足够适应外部环境变化的能力。一般来说，36个月是免疫力完成的时期。过了这个阶段以后，孩子会逐渐摆脱幼儿期经常出现的各种症状。36个月之前的孩子，特别是在季节交替的时候，非常容易患感冒。韩国议政府天主教大学医学院附属圣母医院的金英勋院长指出，“孩子患感冒以后，免疫力下降，就会发生其他疾病。最有代表性的就是肺炎、中耳炎、肾小球肾炎等。”金院长还警告年轻的父母，如果感冒发展成其他疾病，情况是比较危险的。

应该这样做

咳嗽 如果孩子是单纯的感冒，咳嗽很少会持续一周以上。如果孩子一直咳嗽，可能是感冒引发气管炎或支气管哮喘等。

1 保持适当的湿度。

2 用手掌拍打孩子后背，这样可以让痰咳出来。

3 躺着的时候，痰就会积到一边。因此，翻身或者经常变换姿势，可以让痰更好地排出来。

4 稍大些的孩子，父母可以让他（她）大口吸气，再大口吐气，这也有助于痰的排出。

5 如果体内水分不足，痰就会更浓，也更难排出来，所以要让孩子多喝水。

发热 如果孩子体温达到38℃以上、呼吸困难、脸色发红，可以给孩子脱掉一些衣服。室内温度保持在

预防感冒的生活小窍门

1 从外面回来以后，一定要让孩子把手洗干净，并让孩子漱口。

2 平时要保证孩子的营养摄取和足够的休息，不要过度疲劳。特别是要让孩子摄取足够的水分，最好少量多次。让孩子多吃苹果、梨、橘子、柚子、柿子等，可以补充维生素C。

3 感冒流行的时候，不要带孩子去人多的地方。

4 随时观察孩子的体温。孩子可以多穿几件衣服，以便根据情况适当增减，但孩子的衣服要轻薄。如果孩子爱出汗，一定勤换内衣。

5 经常运动。多到户外，晒晒太阳，活动活动身体。夏天应该流汗，冬天应该冷一些，只有孩子适应了自然的规律，才能更加健康。

6 经常开窗通风，保持室内空气流通。

7 昼夜温差大的时候，早晚要让孩子穿着长袖衣服，注意保暖。

8 感冒和由感冒引发的病症，大多是呼吸道疾病。对待这些疾病，保持室内空气新鲜很重要。

20～22℃，湿度保持在50%～60%。因为发烧和呼吸急促可能会引起脱水，可以让孩子喝一些大麦茶或淡盐水，以防止脱水。

1 把孩子的衣服全部脱掉，把整个身体都露出来，因为身体部位暴露越多，散热就越快。

2 冷水可以收缩皮肤的毛细血管，阻碍血液循环，对于退热，冷水洗澡反而会产生阻碍作用。因此，可以用温水给孩子擦拭身体。如果用酒精擦身体，酒精会被身体吸收，引起酒精性低血糖，最好不要使用此法。

3 退热的重要方法之一，就是让热量蒸发。所以，用毛巾擦拭身体的时候，可以将毛巾多浸一些水，如果把水分都拧干的话，就没有效果了。

4 高热持续不退的话，要让孩子服用退烧药。如果孩子无法吃药或吃药呕吐，可以给孩子注射退烧针。

嗓子痛　嗓子痛的时候，孩子可能会无法吞咽食物，须要特别注意。

1 首先，要把食物做成流食或半流食（粥），最好不要太热，这样比较容易下咽。

2 蔬菜汤是不错的选择，但情况严重的时候，可以让孩子吃一些凉牛奶或冰淇淋。

3 使用加湿器，会对缓解病症有帮助。不过，一定要每天给加湿器换水，保持加湿器里的水清洁。可能的话，最好把水烧开，晾凉后加入加湿器中。室内还要经常通风换气。

严重的流鼻涕、鼻塞　流鼻涕或鼻塞的时候，可以帮孩子按摩鼻子。如果孩子比较合作，可以先堵住一边的鼻孔按摩，然后两边轮换。

1 鼻塞很难受的时候，要让孩子多摄取水分。在室内使用加湿器，室内湿度最好保持在50%～60%，这有助于让鼻涕变干。

2 如果孩子鼻塞严重，可以往孩子鼻孔里滴三四滴淡盐水，注意不要呛到孩子。

大肌肉群和小肌肉群以及各种感官发育均衡，才是健康的。在这个时期，如果给孩子适当的生长刺激，可以很好地促进孩子发育。所以，每天拿出一点空闲，哪怕只是很短的时间，和孩子一起玩游戏。这样既可以增进与孩子的亲密关系，又能促进孩子的感官和身体发育。

促进小肌肉群发育

用剪刀 准备好纸和剪刀后，妈妈和孩子面对面坐好。妈妈可以把纸展开，让孩子剪。

玩橡皮泥 在房间的地板上铺一块塑料布，准备一些橡皮泥，让孩子在塑料布上随意捏橡皮泥玩。

插木棍 让孩子练习把4根木棍插到小洞里。

28 每天30分钟的身体运动

折纸 准备一些不同颜色的彩纸，和孩子一起挑选其中的一张彩纸。折纸时，先对折，再对角折。

画图形 准备好画纸和蜡笔。先给孩子看几种形态的图形，然后让孩子模仿图形画出来。孩子可以画出闪电、十字、圆形、方形、叉子等。

盒子排列 准备4个大小不同的盒子。首先，妈妈做出示范，按照大小顺序把盒子排列好，然后让孩子跟着妈妈学。

促进大肌肉群发育

玩球 准备一个直径大约25厘米左右的球。孩子和妈妈面对面站好，让孩子扔球，或妈妈扔球让孩子接。也可以让孩子一个人拍球玩。

原地跳高 妈妈抬起手确定好一个高度或指定一个物体的高度作为目标，让孩子跳起来摸到目标。也可以让孩子双脚向前跳，或单腿跳。

拉伸运动 在孩子进行了各种运动以后，可以让孩子坐下来把腿伸直，做肚子碰到腿的动作，或由妈妈直接为孩子拉伸肌肉。也可以让孩子做生长体操。

促进感官发育

触觉游戏 这个时期，可以经常带孩子到外面去接触大自然。让孩子摸一摸粗糙的树干、光滑的鹅卵石、细腻的沙子，然后与他（她）交流触摸后的感觉。

模仿 随时让孩子模仿。既可以让他（她）模仿妈妈的动作，又可以由妈妈来模仿孩子的动作。这样会更加有趣。

找东西 拿几样东西放到孩子面前，这几样东西可以是厨具，也可以是孩子的玩具。让孩子看过这样的东西以后，把他（她）的眼睛捂住，然后把眼前的物品拿走一两件。这时候，放开捂着眼睛的手，让孩子找一找什么东西不见了。

Tips 运动身体的注意事项

准确了解孩子的发育阶段 要根据孩子的身体、认知、情感的发育情况，来为孩子选择适当的运动。比如，孩子连路都走不稳，就不能让他（她）跑。要想给孩子适当的刺激，就必须要了解孩子目前的状态。为此，妈妈可能要参考一些相关书籍。

营造可以吸引孩子兴趣的环境 无论是多么有助于发育的学习，如果孩子没有兴趣，也不会有作用。因此，就要营造一个可以吸引孩子兴趣的环境。一般营造的环境要比当前的状态略高、略难，这样才可以让孩子产生想要接受刺激的欲望。

R. Robot
sweet

29 防止孩子发生过敏

“27个月的男孩子，出现了严重的过敏。每天晚上，因为皮肤瘙痒哭个不停，孩子根本无法入睡，特别是腿上瘙痒最厉害。有一次，邻居老奶奶说，用煮绿茶的水洗澡可以治好过敏。照她说的做了以后，情况似乎有些好转，至少在睡觉之前洗一洗，孩子可以好好睡上一觉。”“疼痛可以忍耐，可瘙痒实在忍受不了。”看着自己的孩子承受着过敏的折磨，妈妈自然是非常难过的。大多数过敏，在孩子3～4岁以后就会自然消失。但是，要特别注意，防止过敏转化成鼻炎、哮喘、结膜炎等其他疾病。否则，就比较麻烦了。

怎样应对过敏

尽量避开香水、喷雾、烟雾　在防止过敏的问题上，最好不要听信民间土法或过分依赖药物，应该遵守专家提出的基本治疗原则。首先就是要求丈夫不要在家里抽烟。香水、喷雾、烟雾等物质中的微小粒子可能会对过敏的孩子产生影响。点蚊香或做饭的时候，要打开窗户或换气扇，不要让烟雾或油烟弥漫到房间里。也不要使用芳香剂等会刺激孩子皮肤的产品。每天都要用吸尘器和拖布把家里打扫干净，不能堆积灰尘。

张世贞　李恩松的妈妈

室内必须保持通风和适当的湿度　如果家里特别干燥，孩子的过敏症状会更加严重。所以，室内必须要经常通风换气。室内湿度过高或过低都会加重空气对皮肤的刺激，最好使用加湿器，将室内湿度保持在50%～60%。即使是冬天，也不要忘记在中午气温相对高的时候，打开窗户通通风。通常，室内温度保持在25℃为宜。如果家中有过敏的孩子，也可以考虑将室内温度降低到23～24℃。略微降低一点环境的温度，对皮肤过敏有一定缓解作用。

崔恩英　金美丽的妈妈

孩子的衣服一定要手洗　一般到3岁的时候，孩子的过敏症状就会逐渐好转。不过，在3岁以后还是要特别小心。我从来都不用洗衣机洗孩子的衣服，而是全部手洗。漂洗孩子的衣服时要特别仔细，保证衣服上没有残留洗涤剂。孩子用的被子和枕头，也要每天拍打以减少灰尘，并经常晾晒。

硕昌花　张恩智的妈妈

皮肤护理很重要　很多人都说，孩子3岁以后，过敏就会好转。可是，我的孩子反而在这个时期出现了皮肤问题，可能是因为孩子现在非常好动，尤其是特别喜欢跳，每天都出很多汗。所以，我平时特别注意孩子的皮肤护理。给孩子洗澡的时候，会把孩子的皮肤褶皱也都仔细地冲洗干净，擦干身体后，立刻为孩子涂抹保湿产品。孩子的头发也剪得很短，还经常用凉毛巾按压式地擦拭身体。这样，孩子的过敏症状确实有所缓解。

宋恩英　崔东勋的妈妈

Tips 过敏最需要妈妈的细心护理

过敏必须要防止因为抓挠而引起二次感染。因为这个时期的孩子还没有足够的忍耐性，当他（她）感觉痒的时候就会去挠。如果孩子夜里痒得厉害，甚至无法入睡。妈妈可以用凉毛巾帮孩子擦拭身体，或用冰袋为孩子的皮肤降温。这些方法可以消除瘙痒。但如果采取措施后，孩子过敏的情况依然没有好转，就须要去医院就医了。

黄万基（韩国清潭小儿中医院院长）

17

从小和妈妈一起动手制作的飞机发明者——莱特兄弟

在孩子眼里，妈妈是能变出各种好东西的魔法师。因为无论孩子想要什么，妈妈都会买给他（她）。那么，你是否为了看到孩子开心的样子，不管孩子要什么，都会满足他（她）呢？如果是这样，就该好好思考一下了。

大家一定都知道制造了飞机的莱特兄弟吧？让人类长出翅膀，飞翔在空中——这件事，光是想想，也觉得很不可思议。可是，莱特兄弟却把这件不可思议的事情变成了现实。让莱特兄弟具有如此令人吃惊的想象力和实践能力的人，不是别人，正是他们的妈妈。

在莱特兄弟小的时候，有一次，他们看到邻居的小孩在滑雪橇，于是就要求妈妈也给他们买雪橇来玩。“如果想要的话，你们可以自己做呀。你们一定能自己做出一个很棒的雪橇。当然，妈妈会帮忙的。”虽然莱特兄弟的妈妈说要帮忙，但从头至尾的所有工作，都是兄弟俩自己完成的，妈妈只是在一边看着。在制作过程中，为了不让孩子们失去兴趣，妈妈一直问各种各样的问题让孩子来回答。“你们想要个什么样的雪橇呢？”“其实可以先把想做的样子画出来。”

于是，兴致勃勃的莱特兄弟把他们想要的雪橇样式画了出来，“先在纸上画出设计图，制作起来就容易多了。”看着孩子们画出的草图，妈妈又开始跟他们讨论“设计图”哪里有问题，哪里画得好。有了制作雪橇的经验以后，莱特兄弟喜欢上了用泥土、木头等材料制作各种各样的东西。当然，每一次，妈妈都是他们最坚定的支持者。

不要把孩子想要的东西全部买给他！要让孩子学会用自己的眼睛去观察，用自己的手去制作，并从中享受到乐趣。谁说你的孩子就一定不会超越莱特兄弟？

译注：美国的莱特兄弟制造了世界上第一架载人动力飞机，并于1903年12月17日首次完成了第一次有动力持续飞行，因此人们将发明了世界上第一架实用飞机的成就归功于他们。

Part

04

让孩子聪明又讲理

对孩子逐步展开的教育

30

发现孩子的天赋

孩子长大后做什么呢？看着孩子一天天长大，每个妈妈可能都会畅想孩子美好的未来。如果孩子听到音乐作出了一些敏感的反应，妈妈就会觉得，“我的孩子有音乐天赋？”当孩子认识几个数字和文字的时候，妈妈又觉得，“这就是神童吧？”会说话以后，孩子每天追着妈妈问“妈妈，妈妈，这是什么？”妈妈就会想，“我的孩子以后肯定是有用之才。”在妈妈的眼里，自己的孩子是最特别的。其实，每个孩子都拥有自己的天赋。妈妈要做的是，如何去发现或挖掘孩子的天赋。根据孩子的特点，采取适当的教育方法，平凡的孩子也可以培养成人才。如果只考虑到父母的私心而无视孩子的实际情况，这只会给孩子造成压力，使他（她）的成长道路充满艰辛。父母的作用不是强加给孩子没有的东西，而是帮他（她）把自身的天赋最大化。

31 不同的孩子需要不同的学习方法

消极的孩子 内向的孩子通常比较温顺。这样的孩子也有缺点，那就是自信不足，表达能力较弱，社会性存在一些问题。因此，在指导这类孩子时，要多给孩子创造一些与小朋友接触的机会，还要经常对他（她）加以称赞和鼓励，培养孩子的自信心。当孩子犯了错误，需要教导的时候，父母要考虑教导的方式方法。如果一味指责，这样很容易伤害到孩子幼小的心灵。不要强行改变孩子的性格，也不必强迫孩子和其他孩子一起玩，或强迫孩子在大家面前表演。要给孩子一个自由的空间，让他（她）能够自由地思考和行动，这有助于培养孩子的自信。

活泼外向的孩子 这样的孩子对一切都充满热情，但往往做事没有恒心，什么都想做，可什么都坚持不下来。不过，因为性格活泼，这类孩子人缘很好，结交朋友的能力很强。对于这类外向型的孩子，最好能让他（她）在学习上一直保持热情的状态。因为这样的孩子能够集中精神的时间不长，所以妈妈可以把学习时间安排得短一些。不必改变孩子的性格，但可以通过一些安静的游戏来培养孩子的专注力。外向的孩子喜欢几个人一起玩，而不是一个人独处，所以，可以通过和孩子一起玩拼图、穿珠子等游戏，来提高孩子的专注度。

想象力丰富的孩子 这样的孩子拥有强烈的好奇心，喜欢探索新事物。所以，在孩子学习的时候，可以多给他

（她）一些新鲜的刺激，以便产生兴趣。不过，当孩子感觉无聊的时候，往往无法集中精神，并失去耐心。出现这种情况以后，不要强迫孩子，而应该放手让孩子去做他（她）想做的事情。当孩子提出一些稀奇古怪的问题时，要耐心地解答，并表扬他（她）的好奇心。这会让孩子越来越自信，特别是对自己感兴趣的东西，孩子一定要探个究竟。这样的孩子，在行为上多少会有些散漫，可以用玩具吸引孩子安静地坐下来，并集中精神做一件事。

感情丰富的孩子 感情丰富的孩子一般有脆弱的倾向，所以，这类孩子可能会因为一点小事受到伤害，流下眼泪。这种性格的孩子，只要听到别人的呵斥，就无法正常学习。他（她）认为别人讨厌自己，会因为小小的心灵无法承受而感到痛苦。因此，对于这样的孩子，只有帮助他（她）与周围的人形成和谐的关系，才能提高其学习效果。这类孩子不喜欢强烈的变化，适应能力较差，竞争的氛围会让他（她）感觉有压力，从而降低学习要求。最好不要把这类孩子与其他孩子进行比较，或要求这类孩子与别人展开竞争。

细腻敏感的孩子 总的来说，这类孩子可以记住很多细微的东西。与新鲜事物相比，这类孩子更喜欢做一些自己熟悉的事情。这样的孩子有耐性，喜欢动脑的游戏，但是，想象力和创造力相对较弱。因为有耐心，而且记忆力好，孩子的精神比较容易集中。可以多给孩子看一些童话书，多与孩子展开对话交流，这样对培养孩子的想象力和创造力会有一定帮助。

Tips 不必过早送孩子去早教机构

很多妈妈都有点小小的贪心，希望早点送孩子去早教机构。可是，对25～36个月的孩子来说，他（她）关注的重点依然还停留在与妈妈的亲密关系上。发育快的孩子或许能很快适应早教机构的生活，但是，大多数孩子还不能完全集中注意力，对规则没有足够的认识，无法适应集体生活。如果孩子出现下面这些情况，则最好暂时推迟一下孩子的学习计划。

1 如果妈妈不在，孩子连公园都不肯去。

2 无法听懂妈妈以外的人说的话。

3 从来不肯主动离开妈妈。

4 即使有小朋友在一起，也愿意一个人玩。

5 对学习没有兴趣，即使给他（她）读故事，也不爱听。

6 与同龄孩子相比，体格偏小。

7 无法准确表达出自己的想法。

玄顺英（韩国李路达儿童发展研究所所长）

32 早早让孩子识字是好还是坏

很多妈妈认为，孩子早点识字，会变得更加聪明。所以，孩子会说话以后，妈妈就希望孩子能马上学习认字。其实，这并不仅仅缘于妈妈望子成龙的心情。早期教育对孩子的大脑发育有正面影响，的确是一个不争的事实。

12个月以后，大部分孩子逐渐会说话了，好奇心也越来越强，每天说得最多的话就是“这个是什么呀？”看到孩子的求知欲如此之强，很多妈妈就开始考虑，是否应该教孩子认字。走在路上的时候，孩子会指着路边的招牌问妈妈“这是什么字呀？”或“我的名字怎么写？”这就表明，孩子已经开始对文字产生兴趣了。

从理论上说，应该在孩子满12个月以后，再让他（她）认字。并不是所有的事都是越早开始越好，很多专家认为，让孩子识字的最佳时间，应该是“孩子想要这样做的时候”“孩子做好准备的时候”。如果孩子描画字，或拿着书假装阅读，都说明他（她）已经对文字产生了好感。换句话说，也就是孩子已经做好了开始学习的准备了。当然，还要确定孩子的手腕和手指具备足够的力量，可以握笔。做好这些准备以后，只需要几个月的时间，孩子就能进入良好的学习状态。

不过，如果孩子在2～3岁的时候仍然没有表现出对文字的兴趣，妈妈也不必过分着急。其实，就算妈妈着急，孩子也无法跟上妈妈的速度，反而可能因此对文字、对学习失去兴趣，甚至产生抗拒心理。

对文字表现出兴趣时，就可以开始认字了

孩子早点认字有什么好处呢？最大的好处当然是可以更好地认识这个世界。虽然文字不过是一种记号，但它是认识世界的重要手段。如果能够读出物品的名称，知道那些文字的意思，孩子就会慢慢寻根溯源，不断探索新知识。观察能力增强了，孩子会发现许多以前没有注意到的东西。有的孩子认识一些字，但不明白意思，那么，不断询问的过程会让孩子获得很大的满足感。

不过，也有人认为，过早认字，会削弱孩子的想象力。在不识字的情况下看书，孩子会根据图画按照自己的想象创造出新的故事。所以，没必要让孩子早早认字。其实，这个问题是可以通过改变教育方法来解决的。即使孩子认识字了，孩子自己看书也是很困难的。特别是25～36个月的孩子，用耳朵听要比自己看理解得更快。这时候，无须让孩子一个人看书，而是应该寻找一种能够培养孩子思考能力的读书方法。就算是同一本书，"主人公为什么会那样呢？""如果我是主人公，又会怎么做呢？"可以让孩子把自己想象成书中的人物，然后再展开一个新的故事。

就算孩子认识一些字，也并不代表他（她）就能理解词语或句子的含义。相反，认字的孩子，更想弄明白那些词句的意思。让孩子有更多问问题的机会，这也可以看做是识字的一个好处吧。

必须让孩子体会到，学习是一件很有趣的事情

即便现在不学习，到6～7岁以后，大多数孩子也都认字了。没有任何证据证明，早认字的孩子比其他孩子语文水平高。这样说的前提是，妈妈只是把孩子的学习目的放在了单纯的识字上。虽然有些孩子不识字，但是妈妈每天为他

Tips 我的孩子做好识字的准备了吗

在下面这些条目中，如果孩子有5项以上符合，就表明孩子已经做好了充分的准备。如果所有条目基本不符合，可以先选择其中一项作为目标，通过游戏，慢慢培养孩子的兴趣。

1 当问孩子"书包在哪儿"的时候，他（她）可以很快找到。

2 喜欢看书，每天晚上都要求妈妈讲故事。

3 看电视的时候，只要是儿童节目，看到标题就知道是什么内容。

4 看到点心或冰淇淋的包装纸，可以知道里面是什么东西。

5 看到书的封面，可以说出书名。

6 经常问"为什么"，开始对各种东西表现出好奇。

7 可以看懂书中的图片内容。

8 想要识字。

（她）读很多书，甚至一天几十本，孩子在日后的学习中也可能会表现出更强的理解力。

如果学习的目标就是认字，这就变成妈妈对孩子的一种强迫行为了。如果妈妈要求孩子做的事情不符合孩子自身的能力，会导致孩子对文字失去兴趣，甚至讨厌学习。如此一来，孩子自然而然也就讨厌书籍了。但是，如果识字的目的是为了让孩子进一步关注和了解这个世界，在孩子不接受的时候，妈妈就会暂时停下来，给孩子一个宽松的氛围。

对待那些通过听大量故事来开阔眼界的孩子，妈妈必须要耐心等他（她）做好准备。比如有的孩子到7岁还一个字都不认识，而有的孩子，30个月的时候就认识了很多字。早认字的孩子就一定更聪明吗？其实，只要孩子得到相同的教导，这个差距是很容易追赶上的。

在对孩子进行文字的启蒙教育时，首先必须要认真了解孩子的接受能力。如果孩子没有任何抗拒，而且掌握得很好，就可以继续进行这种学习。但是，如果孩子的学习速度很慢，而且如果不强迫，孩子根本没有兴趣，最好暂时停止认真学习。

实例1 可能是太着急了，反而让孩子没了兴趣 智浩24个月的时候，话就已经说得很好了。看到邻居家的妈妈都在教孩子认字，于是我也开始教智浩认字。可是，这完全是一个错误的决定。邻居的孩子已经3岁多了，而智浩才刚2岁，我却采用了和邻居妈妈相同的方法教孩子认字。我在家里到处都挂上识字卡，让孩子坚持每天上、下午各学习30分钟。可是，每次想让智浩安静地坐下来都非常困难。不管怎么教，智浩都没有任何反应，而且总是烦躁得大叫。就这样与孩子纠缠了3个月后，我彻底放弃了。现在，智浩已经5岁了，仍然没有对文字表现出任何兴趣，也无法集中精力。可能就是因为在孩子还没有准备好的情况下教孩子识字，操之过急，才导致了现在的样子。

全阳淑　智浩的妈妈

实例2 认识了几个字以后，兴趣变得更加浓厚了 英民本来就是个好奇心很强的孩子，认字以后，好奇心变得更强了。现在，英民每天都抱着一些简单的图画书自己看，遇到不明白的就来问我。看到汽车牌照，英民会读出上面的字母和数字，而且开始对不认识的字母表现出兴趣。虽然还不会写，不过，现在孩子已经可以认识很多字了。认字以后的一个最大好处是，我现在可以把一些规则写在纸上给英民看，而不用一遍遍说。更让我高兴的是，英民提出的问题越来越多，想知道的事情也越来越多，看书的范围也扩展到了科学、英语方面。

李智敏　英民的妈妈

对这个时期的孩子来说，认字并不是学习，而是一种游戏。因为孩子还不能完全理解记号，所以，让孩子通过讲故事来学习，要比直接认字效果更好。

充分利用故事书 故事书是最好的识字教材。指着上面的字，和孩子一起读，或挑出故事中有趣的词语教给孩子。这就把学习变成一个游戏了。一边读一边理解内容，要比直接认字效果更好。故事书不会让孩子有被强迫学习的感觉，所以，故事书是非常适合教孩子识字的教材。

33 挑战，从学习母语开始

在家里挂满识字卡 把各种物品的名字制作成识字卡，挂在家里。可以只要一有时间，就指着东西问孩子，“这是什么？”但不要指卡片上的文字。其实，只要孩子看到挂着识字卡的东西，自然就会记住识字卡上写的字了。

多给孩子唱儿歌 特别是在对12～36个月的孩子展开文字教育的时候，多给他（她）唱儿歌会获得很好的效果。儿歌都是由简单明了的句子构成的，而且富有节奏感，这让孩子学习起来非常轻松。其实，就算不是为了识字，多给孩子唱儿歌，对孩子的情感发育也很有好处。

经常使用拟声词、拟态语 使用拟声词、拟态语，可以更生动地描述出事物的特点。特别是对这个时期的孩子来说，不断重复会让孩子更快适应语言环境，通过重复拟声词、拟态语，可以帮助孩子更快地熟悉语文。

成功的妈妈这样说

利用朋友的名字学认字 贤户很喜欢各种各样的人。从12个月的时候，每次去公园，贤户都会和初次见面的小朋友玩得难舍难分。到30个月的时候，我开始把贤户的朋友的名字写在卡片上，然后拿给孩子看，贤户就好像朋友来了一样，很开心地玩起角色扮演游戏。大约过了一个月，贤户就可以从几张卡片中挑出自己最喜欢的朋友的名字了。慢慢地，我们又增加了更多的名字，差不多过了3个月左右，贤户就能够认识很多字了。

朴明淑　贤户的妈妈

利用孩子喜欢的小贴纸学认字　我的孩子非常喜欢小贴纸。孩子只要把贴纸拿到手里，就会把房间里贴得到处都是。我就买了一些比较大的贴纸，在上面写上字，和孩子一起玩。我把家里的一些物品的名称写在贴纸上，然后拿出几个给孩子看，并问，“电视机在哪里？”如果孩子选对了，就可以把这个贴纸贴在想贴的地方。当然，在让孩子挑选之前，我会先把写有名字的贴纸贴在相关的物品上，让孩子熟悉。现在，如果孩子想玩贴纸了，就会跑来找我，要求学习认字。

金美希　孩子的妈妈

利用电脑游戏学认字　孩子很喜欢电脑游戏。12个月的时候，孩子就想往电脑前面坐。现在，孩子经常要求我打开电脑。所以，我找了一个教孩子认字的网站，只允许他玩这个网站上的游戏。为了玩游戏，孩子每天都能安静地坐一会儿，还慢慢认识了很多字。

崔宝兰　孩子的妈妈

Tips 可以帮助孩子认字的玩具

拼图　各种实物或文字的拼图，都能很好地培养孩子的想象力和组织能力。

刺激想象力的娃娃　玩娃娃的时候，让孩子跟妈妈或其他朋友一起玩，效果要比让孩子一个人玩更好。利用各种娃娃展开的想象力游戏，可以提高孩子的词汇量和语言组织能力。

儿童录音机　可以让孩子自己录下声音，然后放出来听。这有助于学习准确的语言结构。而且，这种方法操作简便，孩子很容易掌握。

故事CD　通过孩子喜欢的电脑，培养孩子对文字的兴趣。这可以让孩子的精神更加集中。

能发出动物叫声的自鸣琴　音感是文字学习的基础。能发出动物声音的自鸣琴，可以给孩子带来学习语言的间接体验。

韩国图书研究专家黄京淑推荐

34 3岁孩子应该阅读的20本书

这个时期，孩子逐渐有了强烈的自我意识，无论什么事，都想要独立完成。在阅读方面，孩子会要求妈妈反复为他（她）读一本书。妈妈可以尽量满足孩子的要求。

《我讨厌说脏话，吭吭》 随着自我意识的增强，孩子逐渐有了自己的主见。这时候，孩子会很容易大喊大叫，或说一些不好的话。这本书可以让孩子看到自己的样子，并教孩子好好思考，到底怎样做才是正确的。（设计屋出版社，韩国）

《大象和没礼貌的孩子》 这本书把各种类似的情节构成了一个故事，阅读起来很轻松，特别是最后的结尾很有意思。孩子通过这本书会学习到怎样礼貌地说“是”。（宝林出版社，韩国）

《小熊的世界：情感》 孩子会跟着可爱的小熊一起认识这个美丽的世界。这本书可以培养孩子健康的情感，书中重复的句子有助于提高阅读能力。（所有图书出版社，韩国）

《今天晚上我的弟弟会来吗？》 这本书告诉孩子，生命的诞生是一件美好、幸福的事情。本书是性教育的基础读本。（永进出版社，韩国）

《什么和什么是一样的？》 本书教孩子找到事物或行动的相似点，培养孩子的辨别能力。看这本书时，孩子可以和妈妈一边唱歌一边玩。（宝林出版社，韩国）

《鳄鱼吓了一跳，牙医也吓了一跳》 这本书是介绍牙齿健康的。通过生动的图画和内容，教孩子养成刷牙的习惯。（飞龙沼出版社，韩国）

《像那样不穿衣服》 本书通过孩子脱掉衣服洗澡的样子，培养孩子养成正确的生活习惯。在读书的时候，可以一件一件脱掉孩子的衣服，孩子会觉得很好玩。（飞龙沼出版社，韩国）

《五个气球》 这本书可以安抚孩子在丢失某件东西后的失落感。通过本书，告诉孩子如何缓解失落，培养孩子的情感调节能力。（中央m&b出版社，韩国）

《有趣的动物园》 通过图形和鲜艳的颜色，启蒙孩子的数学和美术感觉。本书通过教

孩子折叠图形制作手工，可以培养孩子的想象力。（时空出版社，韩国）

《儿童美术馆》 通过学习词汇，让孩子熟悉词语的发音，同时，孩子还能欣赏到名画。看画也可以增强孩子对词汇的记忆。（倒立出版社，韩国）

《猪宝宝》 这个时期，孩子的想象力将决定学龄期的创造力。小手的指指点点，会表现出孩子丰富的想象力。（宝林出版社，韩国）

《小熊那些秋天的树》 通过熊妈妈和小熊的故事，刺激孩子的情感发育。本书采用了独特的版画设计，让人印象深刻。（宝林出版社，韩国）

《你知道我有多爱爸爸吗？》 一本可以和爸爸分享的亲子书。虽然内容略有夸张，但读起来很有趣。（福禄贝尔出版社，韩国）

《谁的影子？》 让孩子根据提示找出答案，培养孩子的推理能力。本书的特点是充满想象力，有很强的趣味性。（宝林出版社，韩国）

《都睡了》 这是一本可以带孩子入睡的书，特别为那些活泼好动、不爱睡觉的孩子准备的。适合在睡前讲给孩子听。（飞龙沼出版社，韩国）

《假小子火车头戚戚》 自我意识增强，什么都想尝试一下的孩子，可以通过戚戚的故事找到共鸣。这本书还可以教孩子学会忍耐。（时空出版社，韩国）

《下雪的日子》 在下雪的时候，和孩子一起做书中介绍的游戏，让孩子感受冬天的魅力。（飞龙沼出版社，韩国）

《流鼻血的叔叔》 孩子在容易犯错的年纪最需要的就是宽容和谅解。这本书告诉孩子，就算别人做错了事情，也应该宽容以对。（时空出版社，韩国）

《吃饭香香》 培养孩子养成良好的饮食习惯。通过立体书的形式，展现了孩子吃饭香香的样子。（永进出版社，韩国）

《哈罗德和紫色粉笔》 现在这个年纪正是孩子喜欢拿着笔到处画的时候。这本书可以让孩子一边看一边画，对培养孩子的想象力很有好处。（飞龙沼出版社，韩国）

孩子降临人世，见到爸爸妈妈的时候，他（她）就已经开始接受数学教育了。这时候的孩子能够发现每个人都长着不同的样子，并且具备分辨出家人和陌生人的能力。

35 帮助孩子掌握数学概念

有些人觉得，孩子需要长大到一定程度之后再学数学。因此，这个时期，妈妈可能会忽视对孩子进行这方面的教育。但是，数学教育不只是单纯教孩子数字，而是培养孩子有创造性的思维能力。所以，帮孩子掌握数学概念最好能从现在开始。

特别是到25个月的时候，孩子初步形成了比较和分类的概念。在这个阶段，妈妈就能够通过一些游戏来对孩子展开数学教育了。

这个时期的孩子，可以说出三角形、正方形、圆形等简单的图形名称，也可以从1数到5。这个时期，可以为孩子开展一些把物品和数字连接起来的象征性活动。同时，孩子的语言能力与运动能力也在飞速发展。从这时候开始，妈妈已经可以通过一些正式的数学游戏对孩子进行数学教育了。如果不考虑孩子的情况，强行教孩子数数的话，会让孩子对数学产生抵触情绪，或让孩子认为数学就是数字。所以，必须要特别注意这一点。25～36个月的孩子，语言能力有了更大的进步，可以通过更多的交流来培养孩子对数学的好奇和兴趣。

Tips 有数学天分的孩子

1 喜欢思考与数学有关的问题。

2 喜欢或不喜欢某个特定的数字，对与数学有关的问题有个人的理解。

3 喜欢数数。

4 会进行数学推论。

5 记忆力好。

6 当遇到解决不了的问题时，不肯放弃，一定要坚持到底。

7 在玩积木或其他玩具的时候，孩子常常说，“这样做会怎么样呢？”还喜欢尝试不同的方法与结果。

怎样教孩子数学

在这个时期对孩子开展数学教育，最好能够通过看、听、摸等感觉刺激来实现。韩松教育研究院建议说，“可能你觉得孩子还小，但如果从这个时期就开始对孩子进行数学教育，可以通过一些数学性活动，培养孩子有创造性的思考能力，孩子能够从中获取广泛而丰富的体验，学会从多视角了解世界。”这种多视角思考能力，将会为孩子日后的学习打下坚实的基础，对孩子语言发育、身体发育等其他领域的发育也很有好处。在生活中早点对孩子进行数学教育，会让孩子看世界的角度发生变化，让孩子能够在独立探索的过程中了解逻辑思维和事物的价值。

从比较大小开始 对这个时期的孩子来说，与妈妈的关系是非常重要的。所以，妈妈要陪在孩子身边，在稳固的亲密关系下，孩子情绪稳定，学习效果自然也会提高。孩子的学习可以从比较妈妈和孩子谁更大开始，看看地上的影子，说说谁更大。大小的比较属于测量领域，由此开始，还可以延伸出更多基础的比较，比如轻重、长短、多少等。

除了名称，还要让孩子知道用途 这个时期，孩子已经会说很多话了。所以，可以在教孩子说话的过程中，教孩子一些数学用语。不过，学数学跟学说话不同，只单纯知道数学用语的名称是不够的。比如教孩子圆形的时候，不能只是教他（她）说“圆形”，而应该告诉他（她）圆形是怎样画出来的以及圆形的用途等。

不要热衷于数字 对于36个月的孩子来说，与其说数学是一门学问，还不如说它是孩子认识世界的一种能力。面对一堆水果，不要问孩子“这里有多少个”，而应该把水果分成两份，问孩子，“哪份更多”。这个时期，数字对孩子来说并不那么重要，首先要做的是，了解事物的前和后，能够画出各种图形的形态，并且明白事物之间的差别等。

告诉孩子的内容要直接、具体 在数数的时候，孩子经常一个一个地扳手指，然后大声数出来。因为孩子在这个很难展开抽象思维的年纪，最好能把一些具体的实物放在孩子面前，然后再进行说明。例如想要解释“前、后”的时候，就要指着一个物品的前和后；想解释“里、外”的时候，就可以找一个盒子，直接让孩子看到哪儿是里，哪儿是外。

通过游戏学习数学 不要只教给孩子数字。这个阶段，数学教育的重点是要让孩子喜欢数学，并产生想要学习的欲望。因此，可以通过一些游戏来吸引孩子的兴趣。比如和孩子手拉手走在路上的时候，可以走几步停下来，数一数刚才走了几步。也可以和孩子一边数数，一边拍手。和孩子玩开飞机的时候，可以让他（她）数出一共飞了几次。

可以给有数学天分的孩子多准备一些玩具 能够仔细观察事物的颜色和形态的共同点，并逐一指出，喜欢“1，2，3……”数数的孩子，通常会对数学很感兴趣。最好能给这些孩子多准备一些教具和有关的玩具，可以帮助孩子从更多视角观察周围的环境和事物。比如让孩子玩有丰富变化的积木，进行简单的立体拼图要比玩小汽车或球更能锻炼孩子的小肌肉。

有趣的数学游戏

拼图 玩拼图可以帮助孩子认识到部分与整体的关系，并且了解整体、部分、空间、位置的含义。

把物品按用途分类 把图卡和各种东西堆放在一起，让孩子按照不同的用途进行分类。这样可以让孩子了解元素与集合的概念。

量身高 给孩子量身高，然后告诉他（她）是多少厘米。让孩子知道，所有的东西都可以按照一定标准去测量。当然，也可以帮孩子测量体重，然后告诉他（她）是多少千克。道理是一样的。可以在生活中经常跟孩子说一些与测量有关的数学词汇，比如毫米、厘米、米、千克等。坐车的时候，可以告诉孩子始发地距离目的地有多少千米，帮助他（她）熟悉测量的概念。

去超市买东西 在家里计划好要买的东西，然后带孩子一起去超市，让他（她）自己挑选要买的东西，并自己付款。也可以让售货员把零钱直接找给孩子。这样做是为了让孩子熟悉、比较货币和单位的概念。

摆饭桌 晚餐时间，让孩子来帮忙摆放勺子、筷子等。这项工作可以让孩子对事物的规则性和图案有一定认识。

玩球 让孩子扔球，然后让他（她）数出扔球的次数，再逐渐增加次数。除了玩球，玩其他的游戏时，也可以让孩子数出玩了多少次。这样可以培养孩子数数以及计算能力。

比较袜子的长短 可以把家里人的袜子一只只摆在地板上，让孩子来比较袜子的长短。可以对孩子说，“这是爸爸的，这是妈妈的，宝宝的在哪里呢？”然后，让孩子自己指。再教孩子把两只袜子对齐后比较长短，或跟自己的脚比较大小。玩完以后，还要让孩子把袜子配对放好。这样可以很好地培养孩子测量长度和大小的能力。

36 适合3岁孩子的数学启蒙书

对于这个时期的孩子来说，掌握数学的基础概念是很重要的。与其让孩子数数，不如通过一些图画书，让他（她）了解到数学的原理，这会让孩子对数学更加感兴趣。

《唐纳德与小熊兄弟》 孩子对于数的概念，首先要知道物体无论按照什么顺序排列，数量都不会变化，然后就是按照顺序数出物品的数量，或准确说出数量的名称。这本书可以帮助孩子通过象征性的数字掌握数的概念。（杜威出版社，韩国）

《慢慢地感觉1、2、3》 本书专门针对感官发育处于急速发展期的孩子，每一页上都有好几种可以直接接触的不同材质：布或绒毛等，可以让孩子边看边玩边学习。这个系列中，除了数字，还会帮助孩子掌握颜色、形态或动物名称等各种概念，特别是可以用手直接触摸那些代表触感的形容词，孩子会特别喜欢。（婴儿世界出版社，韩国）

《形状马戏》 这是美国著名的数学动画《Math Start数学启蒙》系列的译本。整套书是按照年龄段构成的，25～36个月的孩子适用第一阶段。书中采用了很多与数学有关的有趣内容和图片，可以消除孩子对数学的陌生感，引起孩子的兴趣。从名字可以知道，这本书是帮助孩子理解各种图形的。（韩松数学童话出版社，韩国）

《有趣的动物园》 这本书通过孩子都很喜欢的动物，让孩子学习到图形的概念。把我们周围经常可以看到的圆形、三角形、正方形等图形重叠起来，制作成形形色色的动物，非常容易吸引孩子的注意力。书中除了菱形、八角形等不同的图形，还能让孩子学习到红色、绿色、黄色等丰富的颜色。（时空初级出版社，韩国）

《蓝青蛙，红青蛙》 蓝青蛙和红青蛙彼此讨厌，都认为只有自己最漂亮。有一年，天气大旱，所有的水干涸了，青蛙们为了去暑，就在身上涂满黄土。这样一来，就变得谁也不认识谁了。终于下雨了，青蛙又恢复了原来的颜色，可是，它们也已经意识到，其实无论什么颜色，大家都是青蛙，应该是好朋友。这是一个充满哲理的童话故事，简洁的语言，生动的插图，可以让孩子认识到很多自然规律。（中央出版社，韩国）

《长鼻子的猪》 猪的鼻子本来是很长的，可是它很骄傲，整天仰着头，走路鼻子冲天，结果摔了一跤，就变成了现在的短鼻子。这是一本立体书，每个故事人物都非常可

Tips 测测孩子的数学才能

下面这些条目，可回答好（3分）、一般（2分）、差（1分），计算出得分后查看结果。

1 可以按照相同的颜色，对物品进行分类。

2 可以根据外部特征，把相关物品放到一起。

3 认识1～5的数字，并且能够根据适当的数量作出反应（知道4个动物需要4份食物等）。

4 会比较两个数量（例如4个、5个），可以分辨出大的和小的。

5 可以辨别并说出图形的名称（圆形、三角形、正方形）。

6 可以用2～5个图形（积木）拼出一种物品（雪人、房子）。

7 可以在实际生活中指出物体的上下、里外等。

8 会比较事物的大小，并能够理解大小的含义。

9．会使用长短、轻重等扩展后的测量词语。

10．玩的时候，会进行AB形式的排列（妈妈—孩子—妈妈—孩子、红色—黄色—红色—黄色）。

结果分析

25分以上：数学才能卓越。

20～25分：数学才能高。

15～20分：数学才能一般。

10～15分：基本没有什么数学才能。

爱，每翻一页，都会有立体图片跳出来，可以很好地刺激孩子的好奇心，引导孩子进入充满想象的世界。通过小猪鼻子的变化，让孩子了解到长短的概念。（海潮出版社，韩国）

《如果我的头发变长》 故事中的主人公互相炫耀自己的头发长，那么，长头发会发生哪些有趣的故事呢？书中不仅有文字，还配有生动丰富的插图，可以培养孩子的想象力。在看书的过程中，孩子还能很自然地掌握关于测量的概念。（翰林出版社，韩国）

《你在干什么？》 这是一本以捉迷藏为主题的书。书中的主人公都是我们生活中经常能看到的一些小动物。这些小动物在书里玩的游戏还包括画画、搭积木、打电话等。这些游戏同样也都是孩子喜欢玩的。所以，妈妈可以和孩子一起，一边看这本书，一边玩捉迷藏，同时还能培养孩子的空间感觉。（石枕儿童出版社，韩国）

《妈妈在哪里？》 这本书介绍的是孩子日常生活中经常接触到的前、后、中间等空间概念。主人公小松在找家里人的过程中，很自然地学会了前、后、旁边等概念。书中所强调的空间用语都印刷粗体的大字，便于吸引孩子的视线。通过图片上配的文字，孩子在掌握了空间概念的同时，还能学习认字。（时空初级出版社，韩国）

《小熊的生日宴会》 这是《1、2、3第一步数学童话系列》全12册中的一本，通过有趣的故事和简单生动的图画，讲解一些数学的基础概念。这个时期的孩子，已经脱离了简单认图的阶段，开始正式进入故事的世界了。3岁，是对事物和世界形成具体认识的时期，该书的故事结构和文字形态也都根据这个特点进行。从这本书中，孩子可以学习到分类的概念。（I-seum出版社，韩国）

Look inside for a glittering surprise.
Each page will sparkle before your eyes!
DISCOVER
Words
apple
GLITTER BOOK
duck

37 3岁孩子的英语教育，就是多听多看

对3岁孩子的英语教育，与母语教育其实并没有什么不同，最有效的方法就是让孩子多听多看。对于一件具体的东西，同时让孩子听到母语和英语的两种说法，或许孩子的英语也会像母语那样流利。

很多人认为，让小孩子学英语，实在是太为难孩子了。如果你也觉得，“连母语都说不利索，还说什么英语？”可就大错特错了。因为在这个时期，孩子对于语言还没有产生固定的概念，所以不管是三种语言，还是四种语言，只要让孩子听到，他（她）就可以学得会。问题在于，妈妈是否能让孩子多听英语。从妈妈那里听到英文的日常用语，对于这个时期的孩子来说，是最有效的英语学习法。

妈妈教英语，效果最好

3岁的孩子会对任何事物都产生兴趣，并发出挑战。而且，孩子这个时期要学习的东西实在是太多了，要学说话，还要学习生活中的各种技能。好奇心自然也会每日剧增。教孩子说母语的时候，如果妈妈整天“唠叨”个不停，孩子就会学得更快。其实英语学习也是一样的，让孩子多多听到妈妈的声音，就是最好的方法。

一定要从可以看到的东西开始学习 因为孩子还很难理解抽象的概念，所以应该从眼睛能够看到的具体物品开始学习。比如让孩子喝水的时候，可以说“Let’s have a cup of water（我们喝水吧）”，当孩子想看电视的时候，一边手指着电视机，一边跟他（她）说“How about watching TV（看电视好吗）？”虽然孩子还听不懂妈妈嘴里说出的内容，但是只要指着眼睛能够看到的实物，孩子就会立刻明白刚才的话是什么意思。

不要强迫孩子跟着学 当妈妈反复对孩子说“apple”的时候，也希望孩子能够跟自己学着说。并且妈妈拿着一个苹果问孩子“这是什么”的时候，希望能听到孩子回答“apple”。可是，如果妈妈用这样满怀期待的眼神望着孩子，就会让孩子感到很大的压力。孩子会觉得，英语是学习，而不是一种沟通手段。其实，妈妈只要经常说英语给孩子听就可以了，不必期待孩子作出何种反应。换句话说，在这个时期，就应该是妈妈单方面给予。

多跟孩子说句子而不是单词 不要忘记，英语是交流沟通的手段，而不是学习。孩子是否多学会了几个英语单词并不重要。必须要让孩子认识到，要学会用英语来表达他（她）的意图。在说母语的时候，孩子会努力想要通过语言把自己的要求传达给对方，说英语也应该是这样的。要知道，在这个时期，让孩子熟悉英语这种语言，要比让他（她）熟悉英语单词更重要。所以，应该用句子跟孩子说话，而不是一个个地为孩子输入英文单词。

让孩子听英文歌曲和童谣，而不是英文故事 刚刚接触英语的时候，应该把目标放在让孩子熟悉语言节奏上面。当然，也可以给孩子念英文故事，不过，相比之下，听英文歌，或孩子与妈妈进行英文对话，效果可能会更好。听歌的时候，最好同时做出与歌词对应的动作，这样可以很好地加深孩子的记忆力。

不必担心自己发音不准确，大胆说出来 有些妈妈总觉得自己的英文发音不准确，其实，完全不必介意这一点。学说话的时候，即使妈妈有口音，孩子以后照样能说一口标准普通话。在这个时期，对孩子进行英语灌输是最重要的。在孩子熟悉并接受了英语以后，可以通过磁带或电视纠正发音。与正确的发音相比，让孩子知道什么时候说什么话才是更重要的。

让孩子知道，英语也是一种沟通手段 如果孩子什么都不说，妈妈也能按照他（她）的意图做好所有的事，那么孩子说话就会比较晚。学英语也是一样的。所以，最好能让孩子明白，用英语说话也是一种交流手段。在去动物园或公园的时候，孩子会看到很多东西，妈妈可以一边看着实物，一边告诉孩子这些东西的英文说法。这会得到很好的学习效果。所以，妈妈在生活中教孩子英语，要比让孩子通过磁带或电视学习效果更好。

根据孩子的水平进行指导

这个时期的孩子，在发育方面的进展也是千差万别的。有的孩子认知能力发育很快，而有的孩子则略显落后。但是，无论发育快慢，最重要的是要让孩子多听。越是听得多的孩子，在会说话以后，认知能力越会表现出突飞猛进的发育速度。

还不会说话的孩子 如果孩子连母语都还不会说，当然还是应该先把学习重点放在学习母语上面。不过，如果像教母语那样，经常跟孩子说英语，孩子也会像学母语那样接受英语。如果从一开始就同时要孩子听到母语和英语两种语言，虽然孩子会觉得有些混乱，但是如果一直重复这个过程，孩子就会慢慢接受两种语言。因为这个时期孩子接受语言还属于灌输的过程，所以，一定要给孩子尽量多的信息。这样，会说话以后，孩子会说出很多好像以前并没听过的内容，其实这些都是来自这个时期的灌输。像“Look at that bike（看那辆自行车）”这样的话虽然非常简单，但是涉及具体的名称，经常跟孩子说，他（她）一定会记住。

已经开始说话的孩子 会说话，表明已经掌握了具体的语言概念。因此，教会说话的孩子说英语其实更困难。因为孩子知道，英语和原来说的话是不一样的。看到一件东西，当孩子听到母语和英语两种说法的时候，他（她）就会难以接受。不过，就算孩子觉得混乱，也还是要坚持反复跟他（她）说。可以通过一些游戏或儿歌等，让孩子觉得“英语很好玩”。3岁左右的孩子，已经完全认识到自我的存在，想要获得认可的欲望非常强烈。所以，即使孩子表达得不准确，也要多多夸奖他（她），当孩子表现出一点对英语的兴趣时，要适当给予一些奖励。这可以激发孩子的学习欲望，获得更好的教育效果。

Tips 想让孩子学英语，可自己不会，怎么办

与孩子用英语交流，并不一定要求妈妈能说一口流利的英文。只要每天提前背好一两个句型，然后反复说给孩子听就可以了。比如今天想教孩子与吃饭有关的说法，只要准备一些简单的相关句型，“Let's take a meal（吃饭吧）”“Here we are, a glass of water（给你水）”“Let's have a cup of water（来喝水）”等。因为在这个时期，孩子还无法做到主动回应，所以，就需要妈妈单方面做好准备，再去引导孩子。因此，妈妈的努力是必不可少的。

38

适合孩子阅读的英文图书

一个好的英文故事，不仅可以让孩子熟悉英语，还能培养孩子的想象力、思考能力以及表现力等。语言富有韵律、题材亲切有趣的书籍，都很适合这个时期的孩子。

《Polar Bear，Polar Bear What Do You Hear》 书中采用鲜艳的图片以及简单的语句，词汇涉及动物的名称和叫声等。例如，lion（狮子）在roaring（咆哮），flamingo（火烈鸟）在fluting（鸣叫），zebra（斑马）在braying（嘶叫）。书中有北极熊、火烈鸟、河马、蟒蛇、斑马、狮子、大象等动物园里经常可以看到的动物，孩子很喜欢。（文镇媒体出版社，韩国）

《Papa, Please get the moon for me》 莫妮卡要爸爸把月亮摘下来。为了可爱的女儿，爸爸做了一架全世界最高的梯子，然后爬到了月亮上面。通过月亮越来越小的插图，孩子很自然地知道了月亮会变大变小。书中插图非常漂亮，展现给孩子一个充满想象的世界。而且，孩子会从中学习到比较大小的概念。（西蒙与舒斯特儿童图书出版公司，美国）

《Five Little Monkeys Jumping on the Bed》 这是西方孩子在跳绳时唱的歌谣。可以一边唱歌，一边进行数数和英语学习。同时，本书还配有磁带，可以增加孩子对书的兴趣。书中出现了很多日常生活中常用的句子，对孩子的学习有一定帮助。（达顿儿童图书出版公司，美国）

《The Very Hungry Caterpillar》 这是一本古老的英文童话，书中色彩流畅的图画以及简洁生动的语言，都会得到孩子的喜爱。故事讲述了一只饥饿的毛毛虫，在吃了各种各样好吃的东西以后，变得越来越大，成为一只蛹。过了一段时间，蛹变成了美丽的蝴蝶。孩子可以从中了解到毛毛虫的变化过程，也能学会很多食物的名称和星期的说法。（夜莺出版社，美国）

《The Mitten》 故事讲述一个男孩丢了一只手套，结果这只手套成了动物们温暖的家。这是根据乌克兰的一个民间故事改写而成的。书页采用立体制作，可以让孩子想象

会出现哪些动物，增加阅读的趣味性。（哈珀舒菲出版社，美国）

《Richard Scarry's Best First Book Ever!》 这本书很大，图片也很多，当然内容也非常丰富，包括数字、颜色、各种汽车等，都是孩子喜欢的。通过本书，孩子知道去超市都可以看到什么东西，并熟悉美国式的表现方式。（兰登书屋，美国）

《THE Runaway Bunny》 这本书可以让孩子感受到妈妈的爱，最好在睡前读给孩子听。一只想要去看世界的小兔子，和无论去哪里，都要跟随、保护孩子的妈妈，整个故事充满温情。阅读的时候要带着感情，让孩子能够体会到妈妈对自己的爱。（文镇媒体出版社，韩国）

《Here Are My Hands》 这个时期的孩子，都会对自己的身体充满好奇。这本书会让孩子的眼界更加开阔。通过本书，孩子会知道，虽然生活的地方不同，皮肤的颜色也不同，但是从玩球的手、闻味道的鼻子，到会磕破的膝盖，所有人的身体都是一样的。书中描绘了很多不同国家的孩子活泼热情的样子。并且，本书通过经常重复的文字，让孩子了解到身体部位的特征。（文镇媒体出版社，韩国）

怀孕期间，准妈妈们进行得最多的胎教恐怕就是听音乐了。好的音乐，对于情绪的调节和大脑的发育都会产生积极的影响。初期的音乐教育，确实可以很好地促进孩子身体的发育、情绪的调节以及大脑的发育。

39 让孩子在生活中养成倾听的习惯

有试验证明，先学会钢琴的孩子，大脑发育要好过先会玩电脑的孩子。可见，音乐教育并不是一种单纯的技能学习，同时也会对儿童的大脑发育产生影响。好的音乐还能够稳定情绪。倾听的习惯，不仅可以让孩子的听觉越来越敏感，还能够大幅提高孩子的听力，培养孩子的注意力。

另外，音乐不是只靠耳朵听的，还可以用整个身体去感受节奏的变化。所以，音乐刺激也可以促进身体的发育。韩国淑明女子大学音乐教育学院的文延京教授认为，“孩子在进行音乐、美术、体育活动的同时还能获得丰富的艺术刺激。”特别是这个时期的孩子，身体活动比较多，在身体活动中加入一些艺术成分的游戏，就是最好的音乐初期教育。除了听音乐和演奏以外，让孩子在生活中养成倾听的习惯，也是对孩子非常有好处的。

熟悉韵律和节奏

25个月以后，孩子开始会对音乐产生一定的认识。比如孩子会跟着歌曲的副歌（一般流行音乐由主歌和副歌组成）部分一起哼唱，还会要求妈妈把音量调到适当的程度，有时也会把几首歌中喜欢的部分拼凑在一起哼唱。听到一首

Tips 有音乐天分的孩子

1 喜欢敲击玩具、家具、厨房用品等，发出有节奏的声音。

2 会让妈妈把自己喜欢的歌录下来反复听。

3 喜欢一个人编歌唱。

4 听到音乐就会很开心，可以毫不费力地记住韵律和节奏，并用歌曲或乐器表现出来。

5 善于分辨各种声音。

新歌，或听到别人唱歌的时候，孩子经常会跟着学。从这个时期开始，天生就有音乐细胞的孩子，已经会模仿电视里歌星唱歌的样子了。如果想从现在开始对孩子进行正式的音乐教育的话，不必教他（她）五线谱，或让他（她）听古典音乐。首先，可以配合生活中的节奏，让孩子养成倾听的习惯。

在家里培养孩子的音乐才能

一边演奏乐器一边唱歌 为孩子选择一些简单方便的乐器，比如摇铃，目的是让孩子自己用乐器发出声音，不必强求一定的节奏。用双手演奏乐器，可以同时促进孩子左右脑的发育，而且还能提高孩子的运动能力。利用乐器打拍子，发出声音，能让孩子了解到音节的高低、节奏的变化等。

轮流唱歌 妈妈和孩子一起玩的时候，可以轮流唱歌，每人唱一小段。如果孩子已经唱得很好了，可以用唱歌的形式玩提问回答的游戏。孩子唱歌的时候，要让他（她）能够听到自己的声音，这样，孩子逐渐就学会如何调节自己的嗓音了。

多听民族音乐 通常来说，民族音乐都有简洁明快、易学易唱的特点。所以，可以让孩子多听一些民间音乐。跟着节奏活动身体，可以很好地刺激孩子的想象力，还能促进孩子身体的发育。

40

看懂3岁孩子的图画

25～36个月的孩子，适合开展美术教育吗 在美术教育过程中，怎样开始要比何时开始更重要。25～36个月，正是通过五官的感觉进行学习的时期。如果能在这个时期让孩子接受丰富的体验和各种感官刺激，必定会为孩子日后的学习打下坚实的基础。可以让孩子通过观看、触摸的过程，用身体去感受色彩。经常反复这个过程，孩子就会对美术产生兴趣。父母只要按照孩子需要的，引导他（她）独自去感受就可以了。

这个时期的孩子做出哪些表现或行为时，就可以对他（她）展开美术教育了 这个时期的孩子，随着好奇心的增强，问题越来越多，常常把妈妈或老师问得头疼不已。对于美术，孩子也会表现出极大的兴趣。这个时期的孩子，喜欢在墙壁、地板甚至书页上随意涂画。很想表现色彩、形态，但还无法涂画出明确的内容。不过，每个孩子身上都蕴藏着无限的可能，所以，无论孩子想要表现什么，无论孩子钟爱的颜色是什么，父母只要在旁边细心关注就可以了。

对这个时期的孩子进行美术教育有哪些好处 美术，与其说是一种教育，不如说是一种以体验和游戏为主的学习。能够充分感受这个过程的孩子，无论是感官发育，还是创造力和思考能力，都要好过没有这种体验的孩子。

对孩子进行美术教育时的注意事项 美术不是靠教的，而应该是从体验与感觉开始的。还要根据孩子的发育阶段和倾向来进行美术教育。只有这样，才会让孩子能够享受、感觉、表现美好的事物。

Tips 请尊重孩子的想象力

对于这个时期的孩子，当你问他（她）画的是什么的时候，每次得到的回答可能都是不一样的。有时说是苹果，有时说是妈妈的脸或妹妹的脸。但是，千万不要觉得孩子在说谎。孩子对于自己图画的想法，每时每刻都在发生着变化，每一次回答，都是在说出他（她）认为最重要的那个而已。这时候，不要因为孩子的变化而忽视了孩子的每一个新想法。一定要避免自己先画好，然后让孩子照着画的教育方法。否则，只会妨碍孩子独立思考、独立表现的能力。所以，要尽可能帮助孩子按照自己的想法画画。

这样培养孩子的美术感觉

问孩子是怎么画的，而不是画了什么 孩子画完画以后，不要问他（她），“你画的是什么？”最好问，“你为什么会想要涂这种颜色？”一幅好的画作，并不是画得像，而应该是充满了想象力和创造力。所以，一定要记住，美术教育，是为了培养孩子的想象力。

画5～10分钟后，让孩子休息一会 这个时期的孩子，能够集中注意力的时间很短，常常是画一会儿，心思就跑到别处去了。这时候，最好能让孩子先休息一会儿再画。没必要强迫孩子继续画，更不要发脾气。否则，可能导致孩子对美术失去兴趣，甚至扔掉画具。可以让孩子自己决定画作完成的时间，这样可以有效地提高孩子的注意力。

可以自己画一些线条，让孩子涂色 当孩子表现出对绘画的兴趣以后，很多妈妈都会给孩子购买一些涂色的书。但是，这些书中的内容，往往不符合孩子当时的发育阶段，也就无法发挥作用。在让孩子练习涂色的时候，最好是由妈妈帮孩子画出他（她）想要的形态，然后让孩子涂上颜色。

称赞孩子的时候要具体 当孩子画好一幅画以后，一定要和他（她）一起欣赏。然后和孩子一起给这幅“天马行空”的作品起一个名字。还可以和孩子对图画进行讨论，“这样啊，你怎么会想到这个？太棒了，妈妈也有这种感觉……”要对孩子的想法多加称赞。当孩子画得东西很奇怪的时候，最好不要横加干涉，“不是那么画，应该这样”。

Tips 有绘画天分的孩子

当其他孩子还只能画出大致的几何图形时，有绘画天分的孩子已经超越了这个阶段，开始画一些有实际意义的图画了。当然，孩子的对比对象也仅限于同年龄的小朋友。

另外，只对某一个主题感兴趣的孩子，也会显露出这方面的绘画天赋。中国著名的画家王亚妮，在她7岁之前，曾经画过无数猴子。如果孩子像这样只画汽车、飞机或小狗，不要试图把他（她）的注意力转移到其他地方，只要在旁边仔细观察就可以了。

41 给孩子准备一块涂鸦画板

孩子24个月以后，开始用眼睛注视着指尖画画了。如果说，24个月之前的画都是动手后产生的痕迹。那么，从现在开始，孩子开始用眼睛观察和判断，也开始有了真正意义上的涂画。孩子开始用手腕和手指画画，可以画出一个能够完全连接的圆了。在36个月的时候，孩子就可以用线条任意表达自己的想法了，也已经可以在思考和判断中画画了，而且，想要画点儿什么的愿望也更加强烈了。孩子画的画，已经不再只是单纯的直线或圆圈，而成为带有自己想法的表达对象了。

绘画是用手去画、去完成的，所以，手指的运动就显得非常重要。如果手指活动灵活，就会画出准确的线条，从而进一步画出更丰富的图案。所以，最好能通过用筷子或搭积木等活动，来促进小肌肉群的发育。另外，在画画的时候听音乐，可以达到刺激孩子想象力的效果。在这个时期，因为想要表达的东西越来越多，孩子经常会在墙壁上随意涂画，所以，最好给他（她）准备一块专门用来涂鸦的画板。

韩国多功能治疗研究所的李秉锡所长认为，绘制形态或绘制细节的美术教育并不适合这个时期的孩子，而且，正规的美术教育本身会让孩子感到压力。他建议，“在这个时期，父母要做的，就是让孩了完全按照自己的想法去表达和发挥。只要给孩子一个环境，不用教，也不用指导，完全让孩子自己去完成，努力把想法和能量全部释放出来就可以了。”

刚刚开始美术教育的时候

先从撕扯开始 孩子在画画的时候，会同时去认识周围的颜色和形态，自然而然地展开一场只属于自己的色彩体验。因此，给孩子一些有花纹的纸，让他（她）去撕、去折，或在上面画画，这个过程，其实也是孩子对于美术表现的一种全新体验。

色彩演出 25～36个月的孩子，还不能描画出细节部分。对这些孩子来说，最好的美术活动就是用手和脚在墙壁和地板上涂抹各种颜色。这些活动，可以促进孩子的大肌肉群和小肌肉群的发育，提高孩子的协调能力，让孩子可以率性而为。只有让孩子用身体去体会色彩，才能充分满足他（她）的好奇心，让孩子在感性中成长。

孩子使用的颜色中，包含着丰富的信息。每个孩子从一出生，就有自己偏好的颜色，而这个偏好的颜色又会随着不断丰富的体验而变化。到3岁左右，孩子就会有自己喜欢的颜色，并会经常使用这种颜色画画。不要觉得，孩子经常只用某一种特定颜色就是有问题。韩国多功能治疗研究所的李秉锡所长认为，“重要的不是颜色，而是亮度的差异。哪怕用的是同样的颜色，不同的亮度会反映出孩子不同的心理状态和健康状态。所以，必须要全面观察图画的内容和构图以及色彩的变化等。”画面过暗或过亮，都是孩子的心理状态不稳定，或正承受压力的信号。

42 可以读懂孩子内心的美术心理学

一幅看似凌乱的图画，虽然只是孩子的随意涂鸦，却是展现孩子内心世界的一个窗口。仔细观察孩子经常使用的颜色或所画图形的形态，可以在一定程度上推测出孩子的心理状态。

这个时期的孩子，在画画的时候，大多都会把图画在纸的中央。这是因为，与整个画面相比，孩子记住的是印象深的部分。

从色彩中发现孩子的兴趣点

经常用红色　经常使用红色系列的孩子，大多比较活泼，好奇心强，社交能力也很强。红色是可以激发心脏能量，提高活动量的颜色。如果经常使用红色，孩子很容易出现注意力不集中的情况。

经常用蓝色　经常使用蓝色系列的孩子，细腻、有创造力，但容易感受到压力。而压力会让孩子突然情绪激动，甚至发脾气。如果睡眠不好的孩子经常使用蓝色，就要帮助他（她）缓解疲劳和紧张，这样，孩子才能获得良好的睡眠。

图1

图2

图3

经常用黄色　经常使用黄色系列的孩子，大多有很多想法和欲望。虽然这类孩子会听从父母或老师的指导，但是他（她）会经常独自想心事，或承受压力。这类孩子社会性很强，与同龄的小朋友相处融洽。

只用白色或黑色　对于这样的孩子，最好能让他（她）经常感受丰富的色彩环境。因为对色彩的适应力不够，所以孩子缺乏自信，不敢随意使用不同的颜色。可以通过拼贴画或涂颜色等游戏，增加孩子与色彩接触的机会，让孩子逐渐对颜色充满自信。

孩子隐藏在图画中的内心世界

曾经用线条和色彩表达情感的孩子，到了36个月的时候，已经逐渐可以通过具体的图画来表现心理状态了。

经常发脾气的孩子（图1，36个月女孩的作品　主题：我的脸　材料：蜡笔）

从线条的强度和粗细来看，这幅画是通过以大肌肉群为主的动作来表现的，突出的线条多少有些神经质。脸被涂成了红色，直接表现出了暴躁的情感；红色很深，表明孩子承受了一定压力。通过这幅画，可以强烈地感受到充满自信的表现力，但是，细节方面的表现力不够。画画的孩子应该比较固执，自我意识强烈，爱发脾气，当要求得不到满足的时候，会很暴躁。

专家建议：经常带孩子去户外玩　因为感情变化剧烈，对周围环境非常敏感，所以，这类孩子更需要妈妈细致的关心和照顾。可以多带孩子到外面玩，通过一些大运动量的活动，帮助孩子缓解压力。

消极的孩子（图2，28个月男孩的作品　主题：无　材料：蜡笔）

孩子对于颜色还没有足够的概念，所以使用单一颜色。图画中的线条没有力量，但非常明朗。从这一点可以看出，孩子对于事物的认知以及表现欲望不强，缺乏自信。虽然不了解其他方面，但从占据了大部分画面的大圆圈来看，孩子有性格犹豫，做事不够果断的倾向。

专家建议：帮助孩子自由表达情感　可以让孩子与小朋友一起玩橡皮泥或捏小面团，创造机会让孩子表达出自己的想法，增加孩子与别人情感交流的机会。在表达自己情感的时候，孩子的自信也会得到加强。

好奇心强的孩子（图3，30个月女孩的作品　主题：无　材料：蜡笔）

虽然没有什么特定的形态，但表达想法的意图非常明显。通过这幅画可以看出，孩子对颜色非常好奇，正在展开积极的探索，应该是属于好奇心强，平时问题较多的孩子。孩子在画画或学习的时候，可能多少有些注意力不集中。

专家建议：可以尝试一些活动性强的美术活动　虽然很多孩子都是在体验中展开学习的，不过，孩子也可以通过对话来整理自己的想法，这也算是另一种体验的方式。与小肌肉群的运动相比，感觉这个孩子大肌肉群的运动能力不足，所以，可以帮助孩子更积极地参与一些运动性强的美术活动。

注：本节建议专家为韩国多功能治疗研究所所长李秉锡和韩国建国大学设计学院教授张成哲。

Tips 怎样读懂孩子的画

身心合一　看画的时候，要身心合一，通过图画的内容，判断出孩子的心理状况和健康状况。

按照形态和构图理解　对于形态和构图进行综合判断，了解孩子用点、线、面组成了一幅怎样的图画。

仔细研读亮度　只通过画中使用的颜色是无法判断出孩子性格的。必须要根据颜色、亮度、饱和度等，才能掌握孩子的性格乃至健康状况，所以，必须要对孩子的画进行综合的分析。

43

享受旅行，接受大自然的洗礼

去一个新的地方，经历新的体验，对于好奇心膨胀，一心想要探索世界的孩子来说，是一种最好的刺激。如果能够让孩子的身心经常接受大自然的洗礼，对孩子的情感发育会大有裨益。

这个时期的孩子，个个都充满了强烈的好奇心。只要是新鲜的东西，在他们眼里都是那么神奇。这时候，孩子最好的玩具就是大自然。在没有任何束缚和限制的自然环境里，一粒沙土、一片树叶都可以成为孩子的玩伴。而且，孩子还会从中不断发现新的玩法。在这个环境里，孩子还能了解生态循环的原理以及很多书本上没有的知识。比如这种树会结出什么样的果实，果实又是怎样成熟的，而从中还能了解到季节的变化。带孩子去农场、养蜂场，让孩子了解平时吃的食物是怎样来的。在大自然中活动，要具备细腻的感觉，这也是让孩子亲近自然的一个主要原因。

与树叶的游戏

有空的时候，可以带孩子去附近的山坡或草地，展开一次大自然之旅。看松果的变化，看微风翻卷起树叶，扑一只蝴蝶或蜻蜓，每一件小小的活动，都会让孩子开心不已。

在山上或草地上玩的时候，父母可以给孩子做一些讲解，但最好还是能耐心地等待，当发现孩子对什么发生兴趣的时候，父母再走过去解答孩子的疑惑。给孩子做一个花环戴在头上，捡一些漂亮的落叶带回家，贴在图画纸上。既可以教给孩子树叶的名字，又可以和孩子一起做一幅自然的美图。

适合孩子的体验旅行

沙滩 沙滩简直就是一个生命的小宝库，那里生活着螃蟹、贝类、沙蚕、海螺等各种各样的生物。去沙滩玩的时候，最重要的是要了解清楚涨潮和退潮的时间。首先决定好目的地，然后再确认涨退潮的时间。现在，很多渔村和海边度假村都有自己的网页，通过网络就可以了解到相关的信息了。

韩国咸平蝴蝶节 春天的时候，可以带孩子去咸平看看。每年4～5月，咸平漫山遍野都盛开着油菜花和紫云英，会有几十万只蝴蝶飞舞其中。在咸平蝴蝶节上，可以游览蝴蝶生态馆、蝴蝶与昆虫标本展览馆、水生植物自然学习馆、捉泥鳅体验馆、天然染色体验馆等。咸平蝴蝶节还有丰富多彩的民俗表演，一定会让孩子度过一段快乐的时光。

植物园

韩国静晨植物园：占地10万坪，由针叶树公园、野生花公园、夏景公园等10个主题公园组成。

韩国洪陵植物园：洪陵植物园保存有种类繁多的树种和

Tips 怎样提高在大自然中的学习效果

给孩子读一些与旅行地有关的书籍 如果是去沙滩，可以为孩子选择一些介绍海洋生物的书，可以是故事，也可以只是图片。让孩子可以一边阅读，一边想象即将到来的旅程。

利用好《动植物图鉴》 在走进大自然的时候，可以带上一本《动植物图鉴》。当看到一些新鲜的昆虫或植物的时候，可以和孩子一起翻书，找找它们的名字。可以加深孩子的记忆，还能增加旅程的趣味性。

回来后和孩子一起画画 这个时期的孩子，经常用图画来表达自己的想法。所以，旅行归来以后，可以和孩子一边回忆一边画画。记得要让孩子解释自己画的是什么。

植物，非常适合做孩子接触自然的学习场所。开放时间是上午8点到下午5点。门票：免费。

韩国千里浦植物园：忠南泰安的千里浦植物园，紧邻海水浴场。走在松树林里的小路上，就可以嗅到大海的气息。目前，只对25人以内的研究团体开放，不过，在成为会员以后，也对普通会员开放，但要提前预约。

韩国全州植物园：园里全部都是韩国的自生植物，由造景园、染料园、竹林园等构成。附近还有一个弥勒寺遗址，可以顺便过去看看。门票：免费。

韩国莞岛植物园：园内种植有以安息香闻名的稀有树种、树参等药用植物以及厚朴等各种药材。另外，还能看到很多茶花和冬青树。登上瞭望台，除了可以看到植物园，还能遥望美丽的大海。门票：免费。

韩国金刚植物园：位于金刚公园，这里山色秀美，酷似金刚山，有“釜山的小金刚”之称。

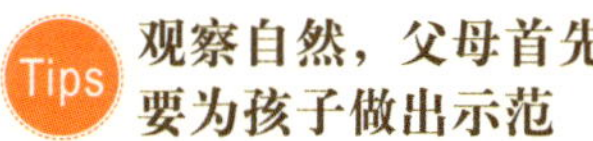

观察自然，父母首先要为孩子做出示范

不必考虑“怎样带孩子体验大自然”，只要带孩子走出家门，看看枝叶茂盛的大树，路边盛开的花朵，都是在体验自然。这个时期的孩子，只要是眼睛看到的，都会转化为信息吸收进去。要想让孩子学会在自然界中认真观察，父母必须要先为孩子做出榜样。在自然界中，可以让孩子直接看到，并且可以伸手触摸到很多东西，这些行为对于孩子的身心发育都很有好处。

张顺吉（韩国生态研究所）

为什么要带孩子去博物馆

孩子会欣赏、热爱、理解他（她）所看到的一切。让孩子不断看到、听到各种新鲜、神奇、陌生的东西，孩子的好奇心会与日俱增。让孩子观看并体验到各种新鲜的东西，博物馆是最适合的地方。在这里，孩子可以亲自体验到一些本

44 增强孩子想象力和好奇心的博物馆之旅

来只存在于记忆中的东西，还会看到很多日常生活中看不到的东西。这些都会进一步激发孩子们的好奇心，并扩展孩子的想象力。很多幼儿教育专家都建议，在正式参观博物馆之前，最好先让孩子从熟悉的公园、商店、市场、玩具店、游乐场开始参观。特别是3岁左右的孩子，还不能很好地集中注意力，体力也比成年人差很多，所以，在去较远的地方之前，最好能先去附近的场所参观学习。在选择博物馆的时候，最好能挑选那些可以直接体验的博物馆，而不是只能用眼睛看的博物馆。具体信息可以通过各个博物馆的网站了解。

怎样与孩子一起享受博物馆之旅

把参观博物馆当作一项家庭活动 因为不是经常去，所以每去一次博物馆，父母都想要尽量传达给孩子更多的东西，可能就会带着已经疲劳的孩子到处看个不停。但对孩子来说，尤其是第一次去博物馆的孩子，可能会觉得博物馆是一个很没有意思的地方。所以，第一次带孩子去博物馆的时

候，可以抱着去玩的心态，逗留较短的时间，还要随时观察孩子的反应，不要给孩子做很多复杂的讲解。当孩子习惯了这样的氛围以后，他（她）会逐渐发现，博物馆其实是个很有趣的地方。为了达到这个目的，可以把去博物馆当作一项家庭活动，如同全家一起去野餐一样。

关注孩子的兴趣　25个月以后，孩子就会对某些领域表现出特别的关注。所以在选择博物馆的时候，也要充分考虑到孩子的兴趣。可以先与孩子沟通一下，了解孩子想看什么，想知道什么，等等。如果能在事前做好充足的准备，孩子的博物馆之旅一定会更加愉快。

从博物馆回来以后，要帮孩子反复加深记忆　参观博物馆回来的当天，最好能拿出一些时间，和孩子讨论一下今天看到的东西，帮助孩子加深记忆。吃晚饭的时候，可以聊聊今天都发生了什么有趣的事，尤其当孩子说这些事情的时候，父母一定要专心听。孩子还不能完全用语言表达清楚的时候，也可以让他（她）把想说的内容画出来。

Tips 适合带孩子参观的博物馆

韩国三星儿童博物馆　韩国最早的专为儿童开设的体验式博物馆。采取了适合孩子发育的展示方法，并提供很多适合父母和孩子一起合作完成的趣味项目。开馆时间是上午10点到下午6点，每周日以及元旦、中秋节闭馆。

韩国特殊物品博物馆　这里分为五个主题，展示的是各种有趣又独特的物品和神奇的科学玩具。五个主题分别是声、光、科学、生活、运动。每个区域都有丰富的展品，孩子可以亲手触摸这些展品，从中学习到很多科学原理。开馆时间是上午10点到下午7点，每周日闭馆。

韩国中南美文化馆　这是韩国唯一详细介绍中南美文化的场所。这里除了中南美土著文化和天主教文化的相关展品以外，还有介绍中南美美术作品的美术馆和一个适合散步的小公园。冬季的开馆时间是上午10点到下午5点，夏季是上午10点到下午6点，全年开放。

45

怎样选择早教机构

随着孩子一天天长大，妈妈需要面对的育儿问题也越来越多。于是很多妈妈都开始考虑将孩子送去各种早教机构。对于这个时期的孩子来说，最好还是选择亲子类的早教机构，也就是妈妈可以一起参与进去的早教机构。

孩子36个月以后，就可以很好地与同龄小朋友一起玩了。在这之前，虽然有时也是和别的小孩在一起，但孩子基本上还是沉浸在自己的小世界里。现在，孩子与妈妈的亲密关系非常稳固，孩子所有的社会性学习基本都来自于家庭这个小社会。但是，随着孩子认知以及身体的发育，应根据情况，给予孩子更多的刺激。比如有些发育快的孩子，已经在某个领域表现出了特殊的才能，如果能接受一些专业的指导，孩子的这种才能就会被挖掘并发挥出来。而在为孩子选择适合的教育机构时，要遵循以下几个原则：第一，考虑老师与学生的比例，老师必须要能够充分地照顾好孩子。第二，老师是否经过专门的幼教培训。因为这个时期的教育，必须要配合孩子的心理发育来实施，故一定要选择有专业资质的老师。第三，要了解孩子的兴趣所在。如果孩子不喜欢运动，却偏要送他（她）去以运动为主的地方；孩子对音乐没兴趣，却偏要送他（她）去学乐器，这只会招致孩子的抵触。如果给予的刺激与教育不适合，反而会产生相反的效果，所以一定要慎重选择早教机构。

选择早教机构时的注意事项

1 考察卫生状况和安全性。

2 观察气氛是否轻松活跃。

3 确认课程设置。

4 检查采光、通风以及冬季的取暖设施。

5 孩子的活动空间是否足够大，是否有儿童专用洗手间。

6 确认每位教师负责几名孩子。

7 与老师充分沟通，了解课程内容，并且让老师了解孩子的状况。

8 确认是否能随时与老师沟通，并就课程进行商谈。

选择适合孩子的早教机构

胆小的孩子，最好选择以运动为主的教育机构 充分活动身体，可以让孩子变得更加活泼和积极。还可以通过丰富的项目，刺激孩子的表现力和生长发育。很多地方都提供妈妈与孩子一起参与的课程。在选择早教机构的时候，一定要考虑到孩子的月龄，不能盲目贪大贪多。

想培养孩子的表现力，最好选择专业的音乐机构 所谓专业的音乐机构，并不是让孩子整天都在那里听音乐，而是通过综合的音乐教育与感官表现教育，对孩子展开全面的音乐熏陶。所以，如果想培养孩子的表现力，专业的音乐机构是一个不错的选择。不过，如果孩子本身对音乐不感兴趣，这种以音乐为主的活动气氛，可能会让孩子感到厌烦。妈妈要考虑如何应对这种情况。音乐机构的水平是千差万别的，在选择音乐机构的时候，最好能先实地考察一下，并且多听听别人的意见。

协调性较差的孩子，最好选择可以通过自己动手获得满足感的美术机构 美术教育可以培养孩子看待事物的独特视角，可以帮助孩子摆脱固有的观念，提高创造力。除了可以培养对艺术的感觉，在用蜡笔和颜料绘画的过程中，还可以锻炼孩子手部的力量，对以后写字也很有好处。因为学习美术需要认真观察事物，所以，孩子区别事物的能力也会增强。美术教育还能够很好地提高孩子的注意力。

想让孩子多交朋友，一般的亲子园都可以 一般的亲子园都接收0～3岁的孩子。在这里，孩子可以通过共同生活，进行社会性的学习。各种游戏都可以训练孩子的性格。一般亲子园的优点就是离家近，课程时间灵活，孩子相对较少，老师可以对孩子进行个别辅导。亲子园对年龄划分不严格，可以让很多不同年龄的孩子在一起玩，让孩子从中学习到一些社会规则。不过，现在有很多亲子园都是由个人住宅改造的，这就存在活动空间狭窄，无法展开系统教育活动的缺点。

46 妈妈与孩子一起玩的头脑游戏

对于4岁的孩子来说，进行大脑开发，游戏是最有效的手段，因为游戏本身就是一种很好的学习。下面是韩国李路达儿童发展研究所的玄顺英所长推荐的大脑开发游戏。

躲避障碍 把空盒子或木块作为障碍物按照一定间隔摆好，然后让孩子按照“之”字形穿过障碍物，但不能碰倒障碍物，然后逐渐缩小障碍物的间隔，这样，孩子就会很自然地集中起精神，以免碰到障碍物。这个游戏能够提高孩子的注意力。

篮子里有什么 把一些水果和物品放在篮子里，盖上一块布。让孩子过来，把布掀开，看一会儿后再盖上。然后让孩子说出篮子里都有什么东西，说完后可以掀开布进行确认。逐渐增加物品的数量，缩短让孩子看篮子里东西的时间。这个游戏能够锻炼孩子的记忆力。

投扔游戏 简单地说，就是往一个空桶里扔东西。开始的时候，可以往盆里扔球或布娃娃，然后改为桶并逐渐缩小桶口的大小，同时逐渐增加投扔的距离。这个游戏可以培养孩子的瞬间注意力以及空间感和距离感。

画脸 带孩子去公园散步，回来以后，让孩子把在公园里看到的人的表情画下来。然后问他（她），“这个阿姨在干什么？”“阿姨为什么不高兴？”帮助孩子回忆起当时的状况。孩子会一边回忆，一边回答。这个游戏可以培养孩子的逻辑思维能力。

分类 摆出一大堆动植物的卡片，然后让孩子按照这些东西的共同点进行分类。如果孩子觉得，这些花有4片花瓣，而小狗有4条腿，所以可以放在一起，千万不要指责他（她）。因为这只是孩子自定的分类标准，并没有任何错误。这个游戏可以提高孩子的分类和推理能力。

橡皮泥 让孩子用面团或橡皮泥捏出各种各样的形状。不必给孩子任何框框，完全让他（她）按照自己的想法去做就可以了。这个游戏可以刺激孩子的智能发育。

搭积木 经常使用两只手对大脑发育很有好处。可以多让孩了玩积木等需要两只手一起活动的游戏，可以刺激孩子小肌肉群和大脑的发育。

做小家务 可以选择一些孩子能够独立完成的小家务交给他（她）去做，比如摆勺子、叠被子、叠衣服等。就算孩子做得不好也不要责备他（她），最好让孩子自己全部完成，同时要适当地给予鼓励和称赞。这个游戏可以培养孩子独立解决问题的能力。

哪个和哪个是一样的 准备一些立体图形、动物或字母造型，放在一个袋子里，然后再准备好相关的卡片。先让孩子把手伸进袋子里摸，然后再让孩子找出与所摸到的东西一致的卡片。这个活动可以很好地促进连接左右脑的胼胝体发育，同时可以帮助孩子熟悉字母。

Tips 和孩子一起玩的注意事项

考虑孩子的兴趣 对于游戏，每个孩子都会有自己的好恶。所以，要选择孩子喜欢的游戏，这有助于提高孩子的注意力。

利用孩子注意力高度集中的时间 每个孩子注意力集中的时间各有不同。可以通过观察孩子的日常生活，了解孩子注意力集中、心情愉快的时间。

让孩子尽情玩喜欢的游戏 无论什么游戏，只要孩子表现出兴趣，就可以反复进行。这对于提高孩子的注意力会很有帮助。首先，要知道孩子喜欢做什么，然后让他（她）尽情去玩。当孩子已经很熟悉以后，还可以引导孩子采用新方法玩喜欢的游戏。

了解不同月龄孩子的不同能力 很多人都认为，注意力，就是要把精神长时间集中在某一件事上。但是，孩子的注意力更多指的是一种瞬间的反应。周岁之前的孩子，经常会表现为瞬间的反应，而3岁左右的孩子才会沉浸于自己喜欢的事情之中。

玩一些活动性强的游戏 越是注意力不容易集中的孩子，越要让他（她）玩一些活动性强的游戏。有活力的孩子就要让他（她）尽情地去跑、去跳。不喜欢待在家里的孩子，可以多带他（她）到户外活动。根据孩子的性格与气质来为孩子安排活动，可以让孩子享受到更大的乐趣。

下面的故事怎么样了 给孩子讲故事的时候，讲到一半合上书，让孩子自己继续讲下去。这样，孩子需要回忆起之前听到的内容，然后再按照自己的想法推测出下面的情节。当然，一定要选择与孩子年龄相当的书籍。这个游戏可以培养孩子的推理能力和语言能力。

组装 准备一些简单的组装类玩具，先拆开这些玩具，然后让孩子组装起来。孩子必须要尝试组装玩具，给零件找到正确的位置。这个过程可能会需要较长的时间，但一定不要打扰孩子，尽量让他（她）专心完成。这个游戏可以培养推理能力，帮助孩子获得完成任务的成就感。

围棋子入洞 在盒子的底部穿几个洞，然后在盒子里放上几个珠子或围棋子。晃动珠子或围棋子，让它们从洞里漏出去。可以逐渐增加洞的个数，还可以指定漏出的洞，以此来增加趣味性。这个活动可以提高孩子的反应能力和注意力。

撕报纸 准备一些报纸，然后和孩子一起把报纸撕成长条。撕完以后再继续给孩子报纸，最后把撕好的报纸像下雪那样从头上撒下来。这个游戏可以锻炼小肌肉群，培养孩子对某一件事情的专注力。

盖章 给孩子准备一个本子和不同颜色的图章。让孩子先盖章，然后再观察盖在纸上的图章形态。这个游戏可以培养孩子的观察力和注意力。

47 育儿过程中的种种疑惑

孩子会说话以后，很多妈妈都感觉似乎越来越难以把握孩子的状态了，孩子好像也变得不听话了。下面就听听专家的建议吧。

Q 孩子已经36个月了，可每次给他读书时，他却一刻都安静不下来，一直不停地跑来跑去。就算孩子坐下来听了，也会经常打断，说起别的事情，应该怎么办呢？

A 首先要确认一下，是否从孩子小时候就开始给他读书。如果是最近才开始给他读书的，那么这种情况是很正常的。因为孩子对于读书还不熟悉，在他看来，这更像是在与妈妈一起玩。所以，孩子会按照自己的想法去跟妈妈说话，或尝试做别的事情。如果是从很小的时候就一直坚持给孩子读书，但孩子仍表现出上面的状态，则表明孩子很难集中注意力。遇到这种情况，最好在咨询专业的医生后，采取一定的措施。在引导孩子的过程中，一定要循序渐进，不要因为孩子的一个失误就对他大发脾气。如果孩子的气质天生如此，那么，他做事情的时候注意力很容易分散。平时可以每次只让孩子做一件事，并且要经常称赞和鼓励他，帮助孩子逐渐养成专注的习惯。

Q 睡觉前读故事的时候，孩子总是要求继续讲，经常是每晚上要讲10多本书。现在，孩子已经31个月了，打算每晚只读5本书，可她会缠着我，“妈妈，再读一本吧”，就这样，常常折腾到很晚才能睡。这样会影响孩子的身体健康吗？

A 入睡之前给孩子讲故事，是一件非常好的事情。不过，如果每晚要读10本书以上，并且让孩子养成这样的习惯，可就不太好了。其实，孩子喜欢书是好事，妈妈可以在白天为孩子安排一些读书时间，把10本书的量平均到一天里。还要和孩子约好，睡前只能读5本，即使孩子要求“再读一本”，也要告诉她，必须遵守约定，这是非常重要的。如果妈妈能一直坚持，那么孩子慢慢就会接受，并且能够理解这件事了。

Q　孩子对英语很有兴趣，从她很小的时候，就经常给她看英文光盘。看到孩子这么喜欢英语，就送她去文化中心参加专门的幼儿英语课程了，可没想到，她在那里根本不肯学习，整天吵闹。是不是我太心急了？现在应该怎么做才能让她恢复对英语的兴趣呢？

A　首先要明白，孩子对什么感兴趣，并不是妈妈的主观猜想。一直让孩子看英文光盘，肯定会让孩子感到无聊。所以，在孩子还没有失去耐心之前，不要强迫她做与英文有关的事情，而应该等到她自己对英语产生更浓厚的兴趣。当然，如果孩子自己提出要求，无论任何时候，都要为孩子创造出需要的环境。幼儿时期的英语教育，目的不是掌握这门语言，而要培养孩子对英文的兴趣。所以，妈妈要做的，就是营造一种氛围，让孩子可以心情愉快地去接触和了解英语。

Q　我是一个25个月男孩的妈妈，我的孩子从小时候就只黏着我，从来不肯跟其他小朋友一起玩。一个人的时候，孩子会玩得很开心，但只要一和别的小孩在一起，马上就安静下来。孩子这么不合群让我很担心，所以想送他去亲子中心。这样做会不会对改变孩子有些帮助呢？

A　其实目前还不需要过分担心这个问题。孩子对小朋友的关注一般是24个月龄以后的事情。不过，即使到了24个月

我的孩子是不是多动症

如果孩子总是无法安静下来，可以参考一下下面的内容。如果孩子符合8条以上，则可以怀疑孩子是多动症。不过，因为很多3岁的孩子都可能会出现类似情况，所以不要草率做出判断。如果怀疑孩子有多动症，最好带孩子去医院接受正规检查。

1 坐着的时候，手脚无法安静下来，总是扭动身体。

2 即使必须坐的时候，也无法一直坐着。

3 注意力很容易被外部刺激分散。

4 在做游戏或团体活动时，无法按顺序等待。

5 经常还没等说完问题就抢着回答。

6 很难按照其他人的指示完成工作。

7 很难一直把精神集中在要做的事情上或游戏中。

8 经常是一项活动还没有结束，兴趣就转向了其他活动。

9 玩的时候不能保持安静。

10 话很多。

11 经常妨碍或干涉到别人。

12 好像听不到别人对自己说的话。

13 经常丢失需要的东西。

14 不考虑后果，经常做出一些身体上的危险行为。

龄，孩子也不会马上就适应这种相处方式。到了这个时期，孩子会开始一种“平行活动”。“平行活动”是探索或模仿阶段的一种表现，其他小朋友玩的时候，孩子会围着他们转，观察他们玩的样子，或拿一个与那些孩子一样的玩具，独自在角落里玩。一般在孩子30个月之前这种行为很常见。在6～24个月期间，对孩子来说，与妈妈的亲密关系要比与小朋友的关系更重要。孩子可能会表现得不合群，不必因此强行送孩子去亲子园之类的地方。到30个月以后，孩子逐渐就会表现出成熟的适应能力，也开始能够接受与小朋友在一起了。

Q　我的孩子32个月了，不久之前刚刚开始说话。可孩子总是模仿大人说话，有时还会模仿一些不好的话，对于这种情况，应该怎么办呢?

A　孩子会很喜欢模仿大人一些有意思的语气，或让他觉得好玩的话。当然，最重要的还是父母要注意平时的语言表达。因为孩子只是出于兴趣才模仿，所以对此不必过分敏感。当孩子说出一些不好的话时，可以一带而过，或根本不去理会他。看到大人对这些话并不关心，孩子慢慢也就失去了兴趣，而不再继续说了。不过，最重要的还是父母平时要注意说话的方式，因为孩子的耳朵是随时打开的。

3岁还不说话，7岁还什么都不会做的天才物理学家——爱因斯坦

“邻居的孩子已经会读、会写，可你怎么什么都不会？”“楼上的孩子见到大人会有礼貌地打招呼，可你为什么不行？”你是否也曾用这样的话伤害过自己的孩子呢？虽然妈妈说得无心，但这些话语却会刺痛孩子幼小的心灵。所以，不要总是指责孩子的缺点，还是多发现孩子的一些优点，然后好好夸奖他（她）吧！

阿尔伯特·爱因斯坦是一位天才物理学家。小时候，爱因斯坦过得并不幸福。爱因斯坦到3岁还不会说话，7岁时也还什么都不会干。上学以后，老师给他的评语是，“这个孩子绝对不会成功”。后来因为跟不上学校的课程，爱因斯坦不得不退学回家。爱因斯坦的妈妈并没有对儿子发火，反而温柔地把他抱在怀里，“孩子，不要担心，你身上有别人没有的才能，你一定会成为一个很有成就的人。”爱因斯坦的妈妈认为，性格内向也是一个优点，性格内向的人会做到一些外向人做不到的事情。爱因斯坦不喜欢只要求死记硬背的学校教育，他总是会提出很多奇怪的问题，而且，对于每个问题他都会打破砂锅问到底。喜欢独立思考并解决问题的爱因斯坦，果然像他妈妈说的那样，最后成了著名的物理学家，并创立了具有划时代意义的理论——广义相对论。

不要总是把自己的孩子与其他孩子进行比较，觉得自己的孩子落后时感到沮丧失望。要去发现自己孩子身上独特的才能，那就是孩子的优点，然后，不断称赞和鼓励他（她）。这样做，会让孩子成为世界上最幸福的人。

译注：阿尔伯特·爱因斯坦（1879—1955），物理学家、思想家及哲学家，现代物理学的开创者和奠基人。爱因斯坦提出了相对论及质能方程，解释了光电效应，推动了量子力学的发展。

Part 05

三岁看老，健康成长的基础工程

孩子必须养成的生活习惯

48

纠正孩子错误的生活习惯

总是吃手指，不会控制大小便，不愿意刷牙，经常把房间里弄得一团糟……仔细想想，孩子那些会让妈妈头疼的事情还真不少呢。其实，很多问题解决起来并没有想象中那么困难。如果孩子不肯刷牙，妈妈可以和他（她）一起刷。刷牙之前，先做一个夸张的表情，然后问“要不要玩‘刷、刷、刷’呀？”这种方式可以很好地调动起孩子的热情。有些孩子见到邻居或熟人不愿意打招呼，遇到这种情况，妈妈可以先大声做出示范。慢慢地，孩子就会学着大人的样子去做了。

民间有这样的说法：三岁看老。可见孩子在这个时期养成良好的习惯是多么重要。如果孩子已经有了一些坏毛病，爸爸妈妈一定要引起注意，尽快帮孩子把这些坏毛病纠正过来。在为孩子纠正错误的时候，不要发脾气，更不能打骂孩子，要学会用称赞去解决问题。有时候，一句赞扬的话，要胜过几十句唠叨。没有哪个孩子天生什么都会，良好的生活习惯都是一点点养成的。在养育孩子的过程中，与其拔苗助长，还不如根据孩子的步伐，帮助他（她）走得更稳。这样才是一个明智的妈妈。

R.Robot
R.ROBO

25～36个月的孩子

1 具备了可以调节情绪的能力。

2 明白“不行”“做……”的含义。

3 这个时期还无法与所有人正常对话，如果能和家人交流，已经很不错了。

4 能够完成基本的手部动作，手腕可以灵活活动。

5 可以双手一起玩，会模仿大人的样子自己洗手。

49 一生的习惯从现在养成

6 产生了自我意识，经常说“我要做”，什么事都想自己来。

7 可以自己脱掉简单的上衣，可以自己穿上裤子。

8 随着自我意识的增强，去商场的时候，会自己去拿想要的东西。

9 可以自己用力穿上没有拉锁的短靴。

养成良好的习惯

整理 如果总觉得孩子自己做不好，从一开始，就全部由妈妈来帮孩子整理东西，那么，孩子永远也养不成自己整理东西的习惯。不要忘记，在游戏结束以后，要对孩子说，“和妈妈一起来收拾吧。”最重要的是，一定要让孩子知道，玩具玩过以后，必须要将它们收拾整齐。可以对孩子说，“书是应该放在这里吗？”“帮妈妈把小熊拿过来好吗？”让孩子很自然地参与到整理东西中来。

换衣服 换衣服，最好先从脱衣服开始。如果孩子想自己脱，妈妈只要在需要的时候给予帮助就可以了。比如可以帮孩子把上衣的袖子脱下来，把头褪出来的动作让孩子自己完成。有些孩子可能还穿着纸尿裤，自己脱裤子会有些困难，妈妈可以帮孩子把裤子褪到屁股那里，然后再让他（她）自己脱。

刷牙　刷牙的第一个阶段，是要让孩子觉得“把嘴里弄干净，会感觉很舒服”。首先，可以在每次饭后让孩子喝大麦茶，然后告诉他（她），“现在嘴里变干净了”。

穿鞋　孩子自己穿鞋的时候，一般都是左右不分的。可以把鞋子反着放好，然后让孩子看，“这样一来，小鞋子都在看后面，是不是很奇怪呀？”这能够让孩子多少掌握一些“左右”的概念。

纠正孩子的坏习惯

不愿意洗手　吃饭之前，从外面回来的时候，上完厕所以后，都必须洗手。可有些孩子却觉得，洗手是很麻烦的事。这时候，可以让孩子抱着玩水的想法去洗手。可以接一点水，把孩子的手大概冲洗一下，然后妈妈帮孩子抹香皂。当孩子的手上出现泡沫以后，妈妈可以和孩子一起搓洗每个手指，就好像在玩游戏一样。还可以在洗手池旁为孩子准备一个高度适中的脚凳，不过，一定要记得在地板上铺防滑垫，以免孩子摔倒。

总是用手拿东西吃　让孩子练习自己用勺子。这段时间，可以先给孩子准备一些比较适合用勺子吃的食物。像豆子这些用勺子不好舀上来的东西，可以暂时先不给孩子吃。帮助孩子提高用勺子的成功率，可以让孩子产生成就感，从而慢慢习惯用勺子，而不再用手抓饭。

Tips 妈妈努力帮助孩子养成正确的生活习惯

绝对不要发火　在培养孩子生活习惯的过程中，父母的态度非常重要。就算孩子犯了错，父母也不必过分指责孩子，甚至是打骂孩子。如果妈妈因此发火，孩子会感到很害怕，从而失去继续努力的欲望。

了解孩子的成长状态　对孩子的失败感到恼火，多半是因为父母对孩子的要求和期待超出了孩子自身的成长情况。父母一定要明确了解孩子现在能做到什么，不能做到什么，不要进行盲目的激进教育。

给孩子适当的帮助是必需的　在做某件事的时候，孩子出现失误是很正常的。很多时候，孩子都需要一些适当的帮助。其实，大多数时候，父母只要鼓励孩子，“这次做得不错，下次一定会更好”，并且表现出要帮忙的态度就够了。

Mottmo's

50 依然不能控制大小便

孩子不能很好地控制大小便，并不代表发育比别人落后。一般来说，到21个月时，孩子就能够提前发出要大便的信号了。到27个月，孩子白天基本可以控制大便。到30个月，孩子白天可以控制小便。到33个月，孩子才能控制夜里的大便。可见，孩子最自然的控制大小便的时期是27～36个月。只有到了这个时候，孩子的肛门肌肉和情感发育才能达到可以接受大小便训练的程度。

排便训练的五个阶段

第一阶段：排便是很干净的事情 不知道是谁让孩子有了这样的想法：排泄大便和小便是很脏的事情。所以有时候孩子明明想大便却装作不想，即使需要妈妈帮忙，也坚持要一个人做这件事。孩子把屎拉出来以后，妈妈不要皱起眉头，夸张地说"哎呀，好臭呀！"而可以对孩子说，"宝宝，拉出来舒服了吧？"

第二阶段：先为孩子做示范 经常让孩子看到妈妈或其他人坐在马桶上的样子，可以消除孩子对马桶的抗拒感。不过，如果让孩子看到不同性别的人方便的样子，可能会造成认知混乱，应特别注意。

第三阶段：白天让孩子穿短裤 白天在家的时候，可以给孩子摘掉尿布，让孩子穿上小短裤。如果孩子不拒绝，可以逐渐增加穿短裤的时间。

第四阶段：给孩子讲一些有助于训练排便的故事 通过孩子熟悉的一些图片，培养孩子的排便习惯，这是一种很好的方法。去厕所，脱下裤子，方便，然后冲水，再洗手，如果把这个过程通过有趣的故事讲出来，不仅可以帮助孩子学习控制大小便，还能让孩子同时学习到方便后的处理方式。

第五阶段：鼓励与称赞 训练孩子大小便的时候，当孩子成功了一次，一定要好好地称赞他（她）。就算失败了，也要鼓励他（她）下次会做好，增加孩子的自信。如果孩子是男孩，可以让爸爸来训练他排便。这会大大提高成功率，因为这样可以让孩子模仿爸爸排便的样子。孩子与爸爸产生同感的同时，也会觉得这种训练非常有意思。

怎样让孩子接受马桶

1 可以利用孩子喜欢的一些玩具帮忙，比如“小熊要拉臭臭，让它坐到马桶上好不好？”这样不仅可以让孩子熟悉马桶，还可以让孩子了解马桶的用途和使用方法。

2 估计孩子快要大便的时候，可以带他（她）到马桶附近玩，同时告诉孩子这里是干什么的地方。

3 有些孩子还无法用语言准确表达出大小便的意图，就会通过表情或动作来给妈妈发出信号。如果孩子扯扯裤裆，或脸色突然变红，这时候就要马上问孩子，“是要哔哔吗？”“坐马桶拉臭臭，好不好？”这样可以起到引导的作用。

美国加州大学医学部儿科的哈维·卡普教授在过去的20年中，一直致力于研究婴幼儿的睡眠问题。但是，如果说到孩子睡不好的原因，连卡普教授也无法解释清楚。不过，卡普教授还是告诉了我们一个让孩子睡好觉的秘诀，就是准确地分析孩子的心理状态，然后为孩子营造一个舒适的环境。比如为孩子哼唱轻柔的催眠曲，使用光线柔和的床头照明，都是很好的方法。

51 纠正不良的睡眠习惯

到目前为止，还没有一种切实的方法可以解决孩子的闹觉问题。不过，为了让孩子养成良好的睡眠习惯，须掌握孩子的睡眠节奏，确认孩子有没有腹痛，房间会不会太热或太冷，等等。如果发现了这些导致孩子闹觉的身体或环境因素，要尽量消除。

怎样纠正错误的习惯

因为困而发脾气 很多时候闹觉与孩子天生的气质有关。属于敏感型气质的孩子，当身体感到不适，或对周围环境不满的时候，就会哭闹，而且很难哄，常把妈妈弄得不知所措。当孩子哭闹的时候，从上向下按摩孩子的后背，可以帮助孩子平静下来。有时可能是因为房间里太冷或太热，孩子才会醒。如果是这样，可以适当调节一下室内的温度和湿度。此外，还要确认孩子是否因为身体不舒服才无法好好入睡的。适当增加孩子白天的活动量，也有助于晚上的睡眠。

无法深度睡眠，总是醒 孩子的睡眠周期很短，轻微的声响就可能把他（她）吵醒。不过，最好不要在孩子每次睡醒后哭的时候都把他（她）抱起来哄。因为有时孩子哭闹是因为刚刚入睡或做梦的缘故。如果妈妈这时候把他（她）抱起来，反而会进一步吵醒孩子。孩子哭的时候，可以让他（她）躺着，然后拍拍孩子的胸或后背。

因为害怕，不想一个人睡 如果从周岁之前就让孩子一个人睡，那么现在，可以继续让他（她）独自睡，否则的话，最好打消3岁开始让孩子独自睡的想法。“3岁开始让孩子单独睡”其实是一种很危险的做法。很多曾经单独睡的孩子，到了3岁会出现严重的分离不安，而不想继续一个人睡。当孩子开始意识到噩梦等害怕的情景时，分离不安的情况就会更加明显。这时候，可以给孩子找一个睡觉的伙伴，帮助孩子稳定情绪。可以把孩子喜欢的娃娃或其他玩具放在他（她）的枕头边，帮孩子战胜恐惧。在孩子进入深度睡眠之前，不要关掉房间里的小灯。另外，在上床之前，不要让孩子看会让人恐惧的电视节目或听恐怖的故事。

夜里总是起来上厕所 由于孩子的膀胱比较小，无法长时间忍住小便，夜里会经常起来上厕所，而影响到正常的睡眠。所以在上床之前，一定要让孩子上一次厕所。晚上不要让孩子吃巧克力或糖果等甜食，也不要让孩子吃西瓜等水分多的食物。肚子太饱的话，是很难入睡的。最好能在下午6点左右吃晚饭，睡前一小时可以再给孩子吃少量小点心，让孩子感觉到适当的饱腹感。

Tips 深度睡眠的必要条件

睡觉之前洗个澡 睡觉之前，可以用温水给孩子洗澡，大约洗15分钟左右，可以提高孩子身体的温度。也可以用温柔的口气问问孩子，“今天一天玩得开心吗？”“明天和妈妈一起去公园吧。”这些可以很好地缓解孩子的紧张。

睡床放在房间中间 有些孩子在睡觉的时候会滚来滚去，很可能会撞到墙或磕到棱角上，发生危险。所以，最好将孩子的睡床放在房间的中间，还要避免开窗户，风或光可能会影响到孩子的睡眠。

52 帮孩子改掉吃手指的坏习惯

有些孩子到现在依然保持着吃手指的习惯。情况严重的话，孩子的手指甚至会红肿变形。就让我们来看看育儿专家如何帮助孩子改掉这个坏习惯。

沈尹贞最近非常担心自己的女儿恩智（3岁），因为恩智不停地吮手指，有些指甲都已经开始脱落了。如果任由女儿这样发展下去，很可能会引起孩子的骨骼变形。沈尹贞感到很着急，但又没有什么好办法。为了不让女儿吮手指，沈尹贞曾经想用绷带或橡皮膏把孩子的手指绑起来，可是孩子根本不让妈妈这么做。着急的时候，妈妈曾经因为这件事打过孩子，可这样除了给孩子造成压力外，并没有起到任何效果。

关于孩子吃手的问题，育儿专家也有不同的观点。有人认为，3岁以后，必须要把孩子的这个习惯纠正过来；也有人认为，对于这个问题，很难确定一个准确的时间，基本上可以不干涉孩子的这种行为。

有研究表明，经常吃手的孩子，会出现对食物挑剔、敏感的情况。

其实，孩子还是18周的胎儿时，在妈妈子宫里就已经开始吃手了。出生后没多久，孩子会继续这个动作。通过吃手的行为，孩子可以感觉到安全和平静。犯困、肚子饿或无聊的时候，孩子会下意识地去吮手指。睡觉前或刚做完喜欢的活动以及看电视的时候，孩子偶尔吃手一般不会有什么大问题。周岁之前的孩子，有80%都会吃手。3岁之前的孩子，大多也会吃手，但这种情况慢慢就会消失。

如果过了这个时期，孩子仍然经常吃手，就必须要思考是否存在着环境的影响。韩国李路达儿童发育研究所的玄顺英所长认为，3岁以后仍然吃手，是孩子为了获得慰藉的缘故。

如果孩子整天吃手，不与小朋友一起玩，而且总是面无表情，可以把这些看做是孩子心理出现问题的信号。首先必须找出让孩子感到压力的原因，是因为过分内向，不肯跟别人玩，还是因为觉得弟弟妹妹抢走了妈妈而不安？还要检查一下妈妈的育儿方式，是不是经常呵斥孩子，或总是要求孩子做一些能力达不到的事情。

如果孩子是因为心理不安而吃手，不要强行他（她）把手拿出来，可以采取一些亲密的身体接触。3岁以后，孩子已经能够听懂妈妈的话了，可以好好跟他（她）说。当孩子不吃手的时候，一定要夸奖他（她），这些做法都会产生一定的效果。

而最好的方法，是通过妈妈的引导，让孩子自己意识到这个问题并改正。简单的威胁或惩罚，只会让孩子产生抵触情绪，延长解决问题的时间。另外，最好不要对这件事表现出过度的关注。孩子吃手的时候，想办法转移他（她）的注意力，也是很好的办法。

怎样改掉吃手指的坏习惯

制作日历 可以制作一个日历，让孩子自己检查自己的行为。记录下孩子每天吃手的次数，挑出次数最少的那天，奖励一个小贴纸，或给孩子一些特别的待遇。

发出信号 可以使用一些特殊的信号，比如当看到孩子吃手的时候，轻声对他（她）说“手”。通过这种方式，给孩子发出信号，让他（她）停止这个动作。

夜里给孩子戴上手套 如果孩子只是在夜里吃手，可以给他（她）戴上手套，或在手腕上缠上有弹性的绷带。

经常让孩子使用手指 看书的时候，可以让孩子自己翻页。经常让孩子用手指，哪怕时间很短，也能减少孩子想吃手的要求。

把孩子的手画下来 打开一张白色的画纸，让孩子把手放在上面，然后用蜡笔描出手的形状，再对孩子说，“宝宝的手真漂亮，可你要总是吃手的话，它就会变得不漂亮喽”。

减少孩子一个人独处的时间 孩子一边看电视一边发愣的时候，经常把手指放进嘴里。通常孩子感到无聊的时候就会吃手，所以，要尽量减少孩子一个人独处的时间。

给孩子一些手感柔软的玩具 当孩子吃手严重的时候，手部的皮肤组织会因为受到伤害而疼痛。所以，最好给他（她）一些手感柔软的玩具。

不要这样做

呵斥 如果妈妈一脸愤怒地大声喊，“手！”孩子肯定会吓一跳，并迅速把刚才还在嘴里的手拿出来藏到身后。因为害怕妈妈的呵斥，孩子可能不会再在妈妈面前吃手。但妈妈不在的时候，孩子可能会吃得更厉害。

强行把手指拿出来 当孩子吃手的时候，强行把他（她）的手指拿出来，并不是一个好方法。这样做只会让孩子产生挫折感，并且增加孩子心理上的不安。慢慢地，妈妈在孩子的眼里会变成一个很可怕的人。

白天用橡皮膏或绷带绑住孩子的手 在孩子手上贴橡皮膏，或缠上绷带，虽然能保护手指的皮肤，却会增加孩子的心理负担。

往手指上抹苦药或红药水 这种做法会增加孩子的心理负担，还可能导致孩子把一些有害的药物成分吃进肚子。尤其要避免使用含有重金属的外用药膏。

成功妈妈的做法

用称赞改掉坏习惯 当孩子不吃手的时候，我就会好好地夸奖他（她）。如果孩子今天吃手的次数很少，我会在的他（她）手上或额头上贴一个漂亮的小贴纸，有时给孩子一些好吃的作为奖励。经常和孩子一起玩，或让孩子和小朋友在一起，不知不觉中，孩子自己就把吃手的毛病改掉了。有的妈妈会在孩子的手指上贴橡皮膏，我非常不赞成这样的做法。孩子经常吃手，可能是因为某种压力，我觉得，越是这样，越应该经常抱抱孩子，夸奖孩子，消除他（她）的不安情绪。

张银河　金恩智的妈妈

玩触觉游戏 当孩子吃手的时候，我就会提议玩游戏，这样可以把孩子的注意力转移到其他地方。孩子经常吃手，很多时候是在表示很无聊，可以让孩子玩玩橡皮泥或沙子，这就使孩子没有机会把手指放进嘴里。经常和孩子一起玩这些游戏，孩子吃手的次数慢慢就减少了。

硕顺仙　道民焕的妈妈

Tips 吃手带来的后遗症

牙齿排列不整齐 在3岁之前，即使吃手情况严重，牙齿排列方面不会出现太大的问题。不过，如果这种情况一直持续下去，很有可能会影响到牙齿。例如孩子的上门牙和下门牙无法闭合，或上门牙向外凸等。

引起乳牙的错误咬合 咬合时通常上牙应该排列在外边，而下牙在里边。特别是在满3岁以后，如果孩子一直吃手，很可能会造成孩子的下颌发育出现异常。

出现外形异常 吃手可能会引起手指关节严重向后弯曲，甚至达到须做整形手术的程度。吃手还会引起皮肤湿疹以及手指和指甲的变形。

皮肤炎症 由于手指上经常沾有唾液，很容易引起皮肤炎症。所以，对于孩子经常吸吮的手指，一定要给予特别护理。

53

孩子在“自慰”

在小儿精神科或各种育儿网站的论坛里，经常会看到很多父母对孩子出现“自慰”行为而感到担忧。孩子的这种行为真的有那么严重吗？

就儿童身体发育阶段而言，3岁（肛门阶段）时，能量主要集中在肛门，4岁（生殖器阶段）时，能量主要集中在生殖器。所以，这个时期的孩子，会习惯性地触摸自己的性器官。孩子在用手触摸身体的过程中，发现自己的性器官。孩子的这种行为是非常正常的，是自我发现的过程，也是一个游戏的过程。

美国的唐纳德·维尼科特博士，既是小儿精神科医生，也是一位儿童心理学家。他认为，当儿童出现“自慰”行为，或表现出对性的兴趣时，不应该指责孩子，或对孩子施加压力。因为对孩子来说，“性”不过是所有让他（她）感兴趣对象中的一个。如果过分禁止，孩子可能会像性欲受到压制的成年人那样，变得畏缩、胆小，以后也无法与同龄孩子正常相处。韩国延世神经科附属小儿青少年神经科医院的孙硕汉医生也认为，孩子的“自慰”其实就是“一种自我安慰的行为”。孩子的“自慰”会随着时间的推移慢慢好转，很少会转化成其他方面的问题。如果父母表现得过度紧张，甚至因此打骂孩子，反而会造成孩子的性格扭曲。孩子在性方面的满足，其实就类似于被疼爱、被拥抱的感觉，所以不必过分担心。

发现孩子“自慰”时该怎么办

1 当出现蛲虫（俗称屁股虫）或尿道发炎的时候，生殖器会感觉瘙痒，挠挠就会舒服很多，这个动作慢慢就变成了“自慰”行为。如果是出于这个原因，首先要帮孩子把手洗干净，然后换上清洁的衣服。更重要的是，尽快治疗疾病，消除炎症。

2 当孩子开始对自己的生殖器产生兴趣的时候，不要责骂孩子，以免让他（她）觉得那里“很坏”“很脏”。父母的这种态度会让孩子产生不必要的罪恶感。

3 要用温柔的口吻劝导孩子。“如果总是用脏手去摸，细菌跑进去，就会生病，还要去医院打针，好疼呀。”这时候，父母一定要保持温和的态度，只要让孩子明白那是一种不太好的行为就可以了。

4 如果孩子的“自慰”行为过度频繁，或孩子总想要触摸朋友或他人的性器官，最好带孩子去医院咨询一下心理医生。

5 “小鸡鸡会飞走的”不要用这样的话来威胁孩子。因为小鸡鸡是不会飞走的，所以，孩子听到这些话，马上就会知道妈妈在说谎，会不再信任妈妈。

6 孩子常常觉得弟弟妹妹抢走了父母对自己的爱，或因为大小便训练而感受到很大压力。在这样心理不安的情况触摸性器官，是因为孩子想要寻求安慰，所以，妈妈可以经常抱抱孩子，告诉孩子妈妈很爱他（她），帮孩子把情绪平复下来。

7 增加每天和孩子一起玩的时间，帮孩子把注意力转移到其他地方。

8 通过一些需要用手拿着才能玩的玩具来分散孩子的注意力。

9 通过一些与性教育有关的故事书对孩子进行正确的性教育。

Tips **自慰行为不会影响健康**

自慰，通常出现在对性充满好奇的青春期，但是，3～4岁的孩子，也会出现自慰的行为。关于这件事，民间流传着很多不同的说法。实际上，自慰并不会影响到孩子的身体健康，父母的偏见才更加危险。一些固有的思想会让父母对孩子的这种行为产生罪恶感。父母的过度反应，反而会对孩子造成不良的影响。如果孩子到了要背着父母"自慰"的程度，那么孩子很可能会扭曲对性的认识。当发现孩子出现"自慰"行为时，完全不必慌张。这其实也是在提醒父母，应该开始对孩子展开正确的性教育了。

金英勋（韩国议政府天主教大学医学院附属圣母医院副院长）

孩子经常做出一些令人难堪的举动

"妈妈，你为什么没有小鸡鸡？" 对于这个问题，很多妈妈的回答都是，"就是没有呀""那可不是人人都有的。"听到妈妈这样的回答，孩子会觉得，有小鸡鸡的都是很厉害的人。在这个时期，只要告诉孩子差异就可以了，而不需要去解释为什么。

和小朋友亲嘴 有时，孩子会和小朋友玩过家家的游戏，甚至互相亲嘴，或摆弄自己的生殖器来玩。看到这种情况，父母不必太惊慌，可以装作没看到，然后把孩子的注意力转移到其他事情上，"去把娃娃拿过来，我们来玩打针的游戏吧"。如果妈妈不在的时候，孩子这样玩，可以装作不知道的样子，问他（她）是怎么玩的，但一定要注意态度。可能的话，最好还是待在孩子旁边，尽量不要把门关起来，让两个孩子在里面玩。如果妈妈也一起参与到游戏中来，孩子可能会玩得更开心。

"小宝宝是从哪里来的？" 会说话以后，孩子对于性的好奇也会越来越强烈，尤其是在妈妈又要生小宝宝的时候，这是孩子问得最多的一个问题。对于这个问题，妈妈不必刻意回避，可以用一种简单的方式告诉孩子，"爸爸妈妈相爱，过了10个月，就生下了小宝宝"。

"妈妈，那个小狗狗为什么那样？" 看到动物交配的场面时，孩子经常会提出这样的问题，这时，妈妈可以轻描淡写，一带而过。"它们没有打架，那是在拥抱。在马路上这样做是不对的，小狗狗真羞羞。"

礼貌地打招呼，是维系人际关系的一个重要习惯。看到大人互相打招呼，即使孩子还不会说话，也能够模仿大人的样子，逐渐掌握这种交流的方式。

很多生活习惯都不是靠教的，而应该是孩子慢慢自己学习到的。最重要的是，为孩子创造一个可以学习到这些东西的环境。打招呼也是一样。随着孩子慢慢长大，他（她）会逐渐参与到公园或幼儿园等小型的社会生活中。这时候，微笑着与人打招呼就成了一个很重要的习惯。因为，见到老师知道问好，见到小朋友知道招手的孩子，到哪里都会特别讨人喜欢。

54 培养一个有礼貌的孩子

韩国李路达儿童发展研究所的玄顺英所长认为，“要想让孩子从小养成良好的习惯，父母一定要发挥带头作用。”孩子是在模仿妈妈的过程中了解这个世界的。如果想让自己的孩子懂礼貌，见人主动打招呼，父母必须先这样做，才能要求孩子也这样做。

小时候的生活习惯培养，可以提高孩子的进取心和独立性。育儿专家都认同，“爱打招呼”的孩子会在很多方面都表现出积极向上的倾向。那么，应该怎样帮助孩子养成这样的习惯呢?

循序渐进教孩子学会打招呼

选择一些简单的话 “爸爸，你回来了。”“请慢走。”这些话对于一个小孩子来说，多少还是有些困难。所以，最初的时候，可以先从说“拜拜”开始教孩子。孩子慢慢熟悉了以后，再教他（她）一些更复杂的说法。不过，因为孩子经常会把一些词语弄混，所以还是尽量教孩子一些发音简洁的话。

妈妈先做示范　爸爸妈妈可以在孩子面前重复打招呼的样子。每个孩子都喜欢模仿，所以，看到父母的样子，孩子就会很想跟着学。有些孩子可能还无法把每个音节都说清楚，所以当他（她）只是招招手或点点头的时候，也一定要好好鼓励他（她）。“宝宝真有礼貌，妈妈好高兴。”这样可以调动起孩子的积极性，让孩子愿意接受进一步的挑战。

营造气氛，让孩子喜欢打招呼　如果妈妈总是跟孩子强调要有礼貌，可能反而让孩子对这件事情失去兴趣。3岁以后，孩子的自我意识越来越强，有时会对妈妈的话产生抵触心理。所以，妈妈一定要尽量让这件事变得自然，并让孩子认识到，有礼貌的问候，会让所有人都感到心情愉快。

当孩子忘记的时候，妈妈要过来提醒　当大人跟孩子打招呼，孩子却没有回答的时候，首先要把大人的感受明确告诉孩子。比如温柔地对孩子说，“爸爸说‘我回来了’，可你没有理爸爸，爸爸好伤心呀。”也可以提醒孩子，“是不是忘了什么？”

25～36个月期间，孩子掌握的礼貌用语越来越多　虽然孩子已经理解了“谢谢”“对不起”等用语的含义，但有时还是不知道怎么用，所以妈妈可以根据情况来指导孩子使用礼貌用语。

Tips 以其他孩子为榜样

小区里有不少比恩智大几个月的孩子，他们都很有礼貌，见到人会打招呼。于是，我就想，可以让恩智向他们学习。有一次，我带恩智走在路上，正好碰到有小朋友和我们打招呼，于是我就问恩智，“那些哥哥姐姐真有礼貌，对不对？我们恩智也很懂礼貌，看到别人的时候也要那么做，知道了吗？”开始的时候，恩智还是有些害羞，不过慢慢就好了。现在，恩智已经可以像那些孩子一样，见到人就大声打招呼了。

任恩美　张恩智的妈妈

小时候总尿床的著名心理学家——弗洛伊德

西格蒙德·弗洛伊德是世界著名的心理学家，也是精神分析学的创始人。在弗洛伊德小的时候，他却有一个难以启齿的毛病，那就是，他总是尿床。弗洛伊德的爸爸非常生气，经常拿他跟他的堂弟们做比较，“西格蒙德，你怎么还不如那些比你小的孩子呢？”

每当这个时候，妈妈都会过来安慰深受打击的弗洛伊德，帮他把情绪平静下来。“你长大以后一定会成为一个优秀的人，而优秀的人是不会为了这些小事哭泣的。”妈妈并没有强行纠正儿子的这个习惯，而是一直等待弗洛伊德自己想要改善这种行为。妈妈这种“放任”的态度，竟然真的纠正了弗洛伊德尿床的毛病。

在养育孩子的过程中，一定要保持平和的心态。就算孩子比别人发育晚一些，也一定要给他（她）足够的时间。如果稍有失误就对孩子大加斥责，只会让孩子慢慢失去自信。配合孩子的步调，给孩子充分的自由，反而可以更快地达到目的。

译注：西格蒙德·弗洛伊德（1856—1939），奥地利心理学家、精神病医生及精神分析学家，精神分析学派的创始人。弗洛伊德著有《性学三论》、《梦的释义》、《图腾与禁忌》、《精神分析引论》等。

Part

06

让孩子在充满爱的环境里成长

现在就要发挥

父母职责

55

做称职的父母

美国临床心理学权威托马斯·高登博士提出，“父母也应该有专业精神”。韩国首尔大学刘安镇教授也警告说，“为人父母，也是需要资格的。没有资格的父母，也就是不称职的父母，只会毁了孩子的未来。”任何人都可以成为父母，但是，要想成为好的父母，就不那么容易了。父母是孩子人生的第一任老师。你是否曾经告诉孩子红灯亮的时候不能过马路，却当着孩子的面，在红灯时穿过了马路？如果那样的话，就要认真思考一下父母的职责了。

父母采用不同的方式养育孩子，会带给孩子完全不同的人生。在总是争吵打闹的父母身边长大的孩子，很难成长为一个温和宽厚的人。父母是子女的镜子，孩子就是看着这面镜子长大的。可以毫不夸张地说，父母的每一句话，每一个行为，都左右着孩了的未来。好的父母会思考孩子真正需要的是什么，而不停地给孩子买昂贵的衣服和玩具，不过是出于父母的虚荣心罢了。与昂贵的玩具相比，爸爸下班后陪孩子玩上半个小时，对于孩子的情感发育会更有好处。不要按照父母的“标准答案”养育孩子，在孩子面前保持一贯的态度，这才是父母真正的职责。现在，是时候思考一下自己的教育方法，思考一下自己是否真正尽到父母的责任了！

스포츠단
64-7756
~18:00
~17:00

56 我是一个好妈妈（好爸爸）吗

我是哪种类型的父母

民主型　经常与孩子沟通，可以了解孩子行动和反应背后的真正意图。经常鼓励孩子，努力发掘孩子身上蕴藏的潜力。

过度保护型　对孩子非常疼爱和关心，总是把孩子圈在身边，对孩子过度保护。有的刚刚骂过孩子，马上就觉得很“抱歉”，有的则经常对孩子大喊大叫。

放任型　对孩子的疼爱与关心都比较少，训导方式是让孩子自律为主。放任型父母要求孩子的自律，与民主型父母那种既对孩子有接受与肯定，又要求孩子遵守规则是不同的。这类父母对孩子的行为几乎是漠不关心，而且还为孩子“不成熟的自律”找借口，“孩子太小的缘故”“因为我太忙了”等等。

权威型　强调父母的权威，孩子必须无条件地服从。不关心也不考虑孩子的兴趣和感情，因为他们认为自己的判断和决定都是绝对正确的。如果站在孩子的立场上看，权威型父母就如同暴君一样。父母认为，打孩子就是在教孩子，因此总是体罚与心理统治并行。

明智父母的检查表

□如果孩子做错了事情，父母会鼓励孩子要有勇气再试一次。

□每天与孩子拥抱3次以上，夸奖孩子3次以上。

□孩子喊妈妈（爸爸）的时候，马上停下手里的事情，去孩子那里。

□不与邻居闲谈。

□生气的时候，等到心情平静以后再与孩子说话。

□在孩子面前，对丈夫（妻子）很尊重。

□同样的事，不责备孩子两次。

□孩子上床睡觉之前，给孩子讲故事。

□每天与孩子一起散步20分钟。

□不给孩子吃快餐食品。

□经常带孩子与同龄小朋友一起玩。

□不盲目地把孩子送进收费昂贵的早教机构。

□不在孩子面前闯红灯。

□遇到邻居的时候，主动打招呼。

□耐心回答孩子的问题。

□认同每个孩子的个人差异。

□对孩子的反应和发出的信号非常敏感。

□可以甄别与育儿有关的各种信息。

□遵守与孩子约定好的原则。

□尊重孩子的想法和决定。

如果符合以上条目达到6～12条，须适当反省；如果符合以上条目13～16条，可以再努力一些；符合以上条目16条以上的话，就表明你是一个合格的好妈妈（好爸爸）。

AnDen

57 给"问题父母"的育儿建议

你是否曾经在孩子面前大声吵闹，是否出尔反尔，让孩子感觉混乱？你是那种一到休息日，就借口疲劳一直睡大觉的爸爸吗？如果是，就要好好看看下面的建议了。

给经常吵架的父母的建议

孩子不在的时候吵架 看到父母吵架，孩子会感觉到极大的忧虑和恐惧。如果孩子经常看到爸爸妈妈争吵的样子，以后可能会成为一个有暴力倾向的人。

心情平静后再面对孩子 刚刚吵完架的时候，最好不要面对孩子。至少要过30分钟，等心情平静下来以后，再去面对孩子。因为刚吵完架时有可能会不自觉地把怒火发泄到孩子身上。否则，孩子会感受到父母那种不稳定的心理状态，不得不看大人的脸色行事。

当孩子看到父母吵架时，要立刻去安慰孩子 如果孩子因为看到父母吵架而受到了惊吓，要马上停止争吵，去抱抱孩子，然后用温柔的语调跟他（她）说，"是不是被爸爸妈妈吓坏了？爸爸妈妈正在聊天，只不过是声音有点大而已"。

给总是变化无常的父母的建议

列一个表格，确定好孩子能做和不能做的事情 夫妻俩可以讨论一下，在孩子的所有行为中，哪些是有问题的。然后再商量出应对"问题行为"的方法，并制作成目录，贴在家里醒目的地方。

Tips 爸爸的育儿态度

Q 丈夫总是抽完烟以后亲孩子。很多人都说二手烟很可怕，是否真的会伤害到孩子呢？

A 抽完烟之后亲孩子，对孩子并没有特别大的危害。但是，如果孩子习惯了香烟的味道，成年以后，抽烟的几率会大大增加。

Q 丈夫根本不懂怎么管教孩子，可当我管教孩子的时候，他却带着孩子跑出去，我该怎么办？

A 在养育孩子的过程中，最糟糕的就是父母的态度和观点不一致。这样一来，父母遇到问题的时候就会产生分歧，从而影响孩子对事物的判断力。

在孩子面前必须团结一致 就算觉得丈夫（妻子）的教育方法有问题，在孩子面前的时候，最好能先忍耐一下。等到只剩夫妻两个人的时候，再进一步沟通。对于孩子来说，没有比父母的变化无常更糟糕的事情了。

给职场妈妈的建议

每天给孩子打3次以上的电话 经常给孩子打电话，“妈妈爱你，回家以后给你讲故事好不好？”这样的话语会对稳定孩子的情绪起到重要作用。不过，“从公园回来以后洗手了吗？”这样的话则可能带来相反的效果。

不要经常更换看护人 最好为孩子找一个保姆，或者爷爷奶奶能够一对一照顾孩子。注意不要经常更换孩子的看护人。孩子刚与看护人产生了感情就要分开，总是反复出现这种情况的话，可能无法再正常地形成亲密关系。

不要在孩子面前指责看护人的错误 孩子在场的时候，最好不要指责看护人的错误。如果让孩子听到妈妈的话，可能会降低孩子对看护人的信任感。如果让孩子知道，看护人与父母是上下级的从属关系，那么看护人可能会完全丧失教育功能。因此，如果发现看护人有问题，最好等到晚上，孩子睡着以后再与看护人进行沟通。

每天至少留出30分钟，把这30分钟完全交给孩子 与那些跟孩子待了一天，已经开始烦躁的妈妈相比，每天认真和孩子玩上30分钟的妈妈，可能带给孩子的影响更有益。暂时抛开繁琐的家务和公事，拿出30分钟的时间，把这30分钟全部交给孩子。

怎样改变不关心孩子的爸爸

每天承担一件照顾孩子的事 如果一次要求丈夫做很多事，那么对方多半会产生抵触情绪。但是，如果让丈夫每天拿出10分钟做一件照顾孩子的事，应该是很容易实现的。可以从最简单的事情开始，比如“我刷碗的时候，你给孩子洗脸好吗？”

周末需要特别的战略 男人普遍认为，只有把工作安排得井井有条，才能更好地去完成它。比如“4点到5点陪孩子玩，8点一起洗澡。”如果妈妈先说，“给孩子换下尿布”，紧接着又说，“该冲奶了”……这样，让丈夫一件接一件地做事情，丈夫就会觉得很麻烦。

为丈夫安排一些与孩子独处的时间 有时也可以使用一些怪招，例如好像突然有急事，随便交代几句就溜出家门，只留下丈夫和孩子。妈妈不在的时候，爸爸肯定会照顾孩子。像这样，慢慢增加丈夫接触和照顾孩子的时间，丈夫对孩子的关心也就会越来越多。

58

称赞与批评都要讲究艺术

有人说，孩子是需要伴随着称赞长大的。的确，一句赞扬的话，常常让孩子的信心大增。那种得到父母认可的满足感，会让孩子成长得更快。但是，无条件或变化无常的夸奖，反而会对孩子起到相反的作用。要知道，称赞与批评都是有技巧的。

孩子到3岁以后，会更加强烈地想要从父母那里获得肯定。另外，孩子这个时期也会很想听到别人对自己的夸奖，“真漂亮”“做得好”“好聪明”等等。因为这个时期，自我意识正在逐渐形成，孩子会对别人怎么看自己的行为特别敏感。

韩国李路达儿童发展研究所的玄顺英院长提出，要想培养孩子正面的自我意识（爱自己，相信自己），就要在这个阶段经常称赞孩子。当然，孩子也不是随随便便地称赞，重要的是对孩子的称赞要能够起到鼓励的作用，帮助孩子下次做得更好。

“你好，打个招呼吧，民智真有礼貌啊。”

“帮妈妈一起打扫房间好不好？英灿打扫得最干净了。”

……

这类称赞会让孩子感受到极大的成就感。

经常创造机会，让孩子与其他人或同龄小朋友在一起也是非常重要的。给孩子可以吸引其他人注意的机会，可以很自然地教会孩子怎样做可以得到别人的夸奖。当孩子知道自己的行为可以给其他人带来快乐时，就会为了得到更多的表扬而更加努力。

育儿专家推荐：称赞孩子的技巧

保持一致 无论是称赞还是批评，父母都必须在合理的情况下保持一致。父母之前没有沟通，结果在孩子面前意见相左，这样只会让孩子感到混乱。如果对于孩子做的同一件事，妈妈批评，爸爸却表扬，孩子就会按照自己喜欢的那样去做了。

按照孩子的情况给予奖励 如果孩子做了值得称赞的事情，最好给他（她）一些奖励。应注意的是，是否给孩子奖励，不能由父母当时的心情决定，而是应该由孩子所做的事情决定。如果奖励孩子玩具，那么光买是不够的，更重要的是要陪孩子一起玩。

比较式的称赞只会提高孩子的竞争欲 如果给予孩子的称赞是与其他孩子相比较后的称赞，会让孩子感觉自己战胜了别人。这会让孩子产生优越感和自满情绪，教育效果反而不好。

孩子遵守了约定更要好好表扬 当父母说某些事不能做，而且孩子确实遵守了约定，确实没有去做那件事的时候，父母往往注意不到，因为觉得那是孩子应该做的而忽略。其实，越是这样的时候，越应该称赞孩子。当孩子做得好的时候，称赞就是必不可少的。

要称赞得具体化 含糊其辞的称赞是没有任何效果的。因为如果话说得不够具体，孩子会不清楚自己到底哪里做得好，为什么会得到赞扬。所以，在称赞孩子的时候，最好把话说得具体、明了，"玩具都收拾好了？真棒！""把好吃的东西分给弟弟，真懂事。"等等。

告诉孩子"下次会更好"，而不是"已经很好了" 称赞过程要比称赞结果更重要。因为有时候，孩子努力了可能却得到了坏结果，不努力也可能得到好结果。所以，在孩子的努力过程中称赞他（她），孩子才会真正接受，并且想要更加努力。

成功妈妈批评孩子的技巧

说话的时候看着孩子的眼睛 每次批评孩子的时候，我都会蹲下来，平视孩子的眼睛。这时候，目光要温和，不能让孩子感觉到恐惧。如果妈妈的眼神过分严厉，孩子可能会羞得低下头去。妈妈完全不看孩子，只顾自己唠叨，与注视孩子的眼睛跟她交流的效果是完全不同的。

任真玉 金恩秀的妈妈

Tips 请这样做

表扬的时候

- 要在事情发生的时候立刻表扬。
- 告诉孩子"做得真好"。
- 说明表扬的理由。
- 给予适当的奖励，比如小贴纸或玩具等。
- 要让孩子知道父母希望他（她）怎么做。
- 用身体语言表达对孩子的爱与称赞。
- 表扬孩子要重视过程而非结果。
- 当孩子独立完成某件事的时候，更要好好称赞他（她）。

批评的时候

- 保持情绪稳定，不要发脾气。
- 不要翻出已经过去的事来指责孩子。
- 只针对孩子的错误行为来批评。
- 批评孩子的时候，不要与兄弟姐妹做比较。
- 让孩子明确知道为什么批评他（她）。
- 不要无视孩子的解释。
- 要给孩子指出改正的方向。
- 绝对不要打孩子。
- 批评孩子的时候，要考虑好时间，到时即停，不能批评孩子时间过长。
- 要充分听取孩子的想法。

先听孩子说 批评孩子之前，应该让孩子先说。因为孩子做事也是有理由的。为什么打弟弟，为什么抢小朋友玩具……对于这些问题，可以先问问孩子的想法。不过，因为孩子太小，还无法准确表达出自己的意识，所以，我就会帮她说，“因为你觉得小朋友的玩具更好玩，对不对？妈妈觉得秀敏的玩具也很好玩……”，通过这种方式批评孩子，能够让她认识到自己的错误。

崔智恩　李秀敏的妈妈

选择一个固定的地方 我们会有一个固定的地点，每次孩子做错事的时候，都会在那里批评他。首先我会把孩子带到那里，让他坐好，然后问问孩子哪里做错了。开始的时候，他可能会一直哭闹，不肯好好说。妈妈这时候一定要坚持，并且采取严肃的态度告诉孩子那样做是不对的。孩子很快就会表现出后悔的样子了。这时候，妈妈一定要走过去抱抱他，告诉他，妈妈依然很爱他。

李英美　金恩松的妈妈

ABC